教師人生を変える！

話し方の技術

森川正樹［著］

JN155027

学陽書房

「話し方」は確実に上達します。

▼プロローグ

本書では、教師人生の「どのような場面」で、「どのようなこと」に意識をすれば話し方が向上するかについて極めて具体的に紹介しています。

現在実際に教育現場に立つ者として、私の経験値をもとに書いています。

私は現場で子どもたち相手に授業をしながらうまくいった説明はメモし、うまくいかなかった説明もメモしてきました。

子どもたちに話した何気ない雑談も、「森先のエピソード」として記録してきました。

子どもたちが爆笑したシーンではその爆笑を生んだフレーズのみならず、話の流れや子どものツッコミも同時に書き記しておきました。

今日も子どもたちに話した「森先のエピソード」。子どもたちは心待ちにしてくれています。話し始めるときには拍手ももらいます。ストックしている「エピソード」は三〇を超えました。繰り返し話しているので、古典落語のようなものです（笑）。

エピソードを話してはメモ。

体育の学年指導での気づきをメモ。

生徒指導で子どもの心に届いたなあと実感したらメモ。

保護者の方と話して効果的だったことはメモ。

「気づき」→「メモ」の流れは今も続いています。

そのような生活がキャンプリーダーをしていた学生の頃も含めて、二〇年を越えました。

おかげさまで現在は全国で大勢の教師の方々にセミナー講師としてお話をする機会にも恵まれ、多くの方に「面白かった」「話に熱中しました」「どうしたら話をするのが上手になりますか?」と声をかけられたり、アンケートにビッシリと感想をいただけるようになりました。

そうして、私の「話し方」に対する意識も、より強くなりました。

いかに伝えるか。

いかに共感してもらうか。

そして、いかに行動してもらうか。

本書は〝きれいごと〟ではありません。

実感の伴わない〝それらしい言葉〟を並べた本でもありません。
実際に子どもと会話し、
子どもたちに話し、
保護者の方々と話し、
大勢の聴衆相手に話し、導かれた〝事実〟を書いています。
本書は、教室でのたった一人の子どもとの会話から、時には千人近い教師の方々に話をしてきた経験をベースに、様々な角度から「話し方」にまつわる「技術・技能」をまとめたものです。

「話し方」は確実に上達します。

ああ、この人のように話せたらなあ、と思ったことはありませんか。
ああ、上手な話の〝運び〟だなあ、と感心したことはありませんか。
ああ、子どもたちと爆笑している教室っていいなあ、と思ったことはありませんか。

そう思われる人に、今度はあなたがなる番です。

教師にとって魅力的な「話し方」を身につけることは大きなアドバンテージです。これは紛れもない事実です。

「熱意」にきちんと「技術」を加えて、子どもたちにとっての魅力的な「話し手」となりましょう。

さあ、「言葉」と「話し方」を磨いて毎日の教師人生をピカピカに輝かそうではありませんか。

CONTENTS

CHAPTER 3
子どもが熱中する話材とその集め方

CHAPTER 4

子どもが熱中するエピソードの語り方

CHAPTER 5

子どもが教師を大好きになるおしゃべりの技

CHAPTER 7

大人数を一瞬で引き込む話し方

CHAPTER 8
子どもが納得する生活（生徒）指導場面での話し方

CHAPTER 9

保護者の心をつかむ話し方

CHAPTER 1

一瞬で子どもを引き込む話し方は、こうして鍛えろ！

CHAPTER 1

01

「話し手意識」と「取り込む意識」で日々生活する

▼すべては話術に結びつく

話し方の上手な人が密かにやっていることとは何でしょうか。いや、密かにというより〝無意識に〟かもしれません。

それは常に「話し手」意識で生きている、ということです。

私たちは教師です。

先ほどの話を言い換えるとこうなります。

「常に子どもに話すなら」という意識で生きている。

博物館や美術館に行くと耳に付ける「音声ガイド」がありますよね。ちょうどあのような機器を付ければ、子どもたちへの説明に翻訳された話が聞こえてくる……そのような感覚でしょうか。

こうすれば、常にどのような場面でも自分が〝当事者〟になります。まさに生活しながら話し方修業をしている、という状態です。

▼水族館と上野公園にて

それでは実際の場面を見ていきましょう。

水族館に行きます。

電気ウナギのコーナーに面白い説明が書いてあるけれども、これを今、子どもたちを目の前にしたら何て話せばいいだろう。

そのとき、実際に飼育員の方の説明があったならば最高です。どうやってお客を引きつけているのか。または、もっとこう話せば盛り上がるのになあ、などと常に「話し手」というフラグを立てながら聞くことができます。

そうすると何だかワクワクしてきます。

上手な話し手に出会ったときはその話術をいただきます。話し方、話題の提示の順番、ジェスチャーなどをすぐにメモします。

この間は、東京の上野公園で大道芸のパフォーマンスをしている方がいました（東京都のヘブンアーティストという制度に登録されている方です）。

有名な映画音楽に合わせてショートストーリーをパントマイムで披露されていました。ユーモアを交えたそのパフォーマンスは道行く人たちの心を捉えます。私も輪の中に入って見ていました。笑いや拍手が起こる中、私一人、拍手をしながらメモもしていたのです（笑）。

多くを語らないパントマイムのパフォーマンスの中で、時折出てくるセリフは効果的です。どこで話したのか。そして何といってもその動き。的を射た動きで多くを表現します。

「話し方」には「動き」も含まれます。

教師は直立不動で話すわけではありません。

話しながら入れるジェスチャーや動作も立派な「話し方」の一部です。

このようにいかに「話し手」意識で毎日を過ごしているかが大切です。

自分の話し方を向上させたいならば。

ONE POINT

常に「話し手意識」で生活することが上質な話し手へのアイドリング状態。

CHAPTER 1

02

達人の話術を取り込め！
――6つのフラグと、2つの感動で取り込む

▼「聞き手」の6つのフラグ

「話の上手な人」に出会ったときは、その時を逃してはなりません。

講演会などでは内容と共に、その人の話し方の特徴や印象をメモしておきます。そのメモを後で見返すことがなくても構いません。「書く」という行為に落とし込んで、動作化して実感として蓄積していくのです。

次は、講演会などでの「聞き手」としてのフラグを立てるポイントです。

①第一声を何から始めるのか
②話の変わり目をどうしているのか
③話の終わり方をどうしているのか
④緩急の付け方はどうか
⑤立ち位置はどうか
⑥視線の送り方はどうか

これらは実はすべて「授業での話し方」にもあてはまります。

▼プロの話し手から学ぶ

次に漫才や落語など実際にプロの「話し手」として活躍されている人から吸収します。自分の好きな漫才師や落語家のCDやDVDを何度も観たり聴いたりします。

これらは今やYouTubeで何度でも観ることができます。私は漫才が好きなのでよく観ていました。漫才では突っ込みの間《ま》がとっても参考になります。そしてお客さんとの距離感。これがとても参考になるのです。

また、私は演劇のDVDもよく見ます。お気に入りのDVDはもう車の中で何回観たか（聴いたか）わからないほどです。一本すべてどの役でも演じることができるくらいです。それはもちろん好きだからしているのもありますが、授業をする上で、子どもたちに話をする上で、大変勉強になっています。演劇の中のセリフ回し、笑いが起こるときの間《ま》、話し方などはとても勉強になります。

演劇の、様々な人間の絡みがある中での会話だからこそ、リアルに参考になるのです。

車で通勤されている方にはこの通勤中の演劇や漫才などのDVD再生が特にオススス

メです。

また意外なところではコンサートの間のＭＣです。例えば葉加瀬太郎さんのコンサートは、演奏はもちろんですが演奏の間の話が面白い。演奏はもちろん、ＭＣでも大満足なのです。意識して聴くだけで楽しみながら学べることになります。

もう一つ。私にとっての話し方の達人、師匠のことです。

それは祖父。私の話し方のベースは祖父から影響を受けたものだと思っています。小さい頃から祖父の話を何度も何度も聞いて育った私は幸運でした。祖父は仕事の関係で全国を飛び回っていたのですが、その土地土地のお土産を買ってきてくれてはその場所での話を身振り手振りを交えてしてくれるのでした。

戦争時代の話、子どもの頃の話……。壮絶な話なのに、深刻にならずにワクワクさせられながら聞いていたのを思い出します。

表情たっぷりに話す。

リズムよく話す。

ジェスチャー豊かに話す。

つねにユーモアの精神に満ちている……。

数え上げればきりがありません。

祖父はもう亡くなっていますが、できればもう一度祖父の話を大笑いしながら聞きたい、いつもそう思うのです。

自分だけの話の師匠、話の達人を見つけてください。そしてその人の技を実感する。ライブで聞くのです。体感するのです。そして真似をする。


話の達人から学ぶときは、二つの感動をもって取り込みましょう。

一つは話の内容に関する感動。

もう一つは話し方についての感動。

この二つの感動を大切に、「話の上手な人」の話術を取り込んでいくのです。

「ああ、話し上手やなぁ〜」という感想が漏れる話の聞き方が、「話し方上手」になるための聞き方なのです。

ONE POINT

車の中には「とりあえず流しておくDVD」を常備。

CHAPTER 1

03

自分の声を知る

▼自分の癖を見抜け！

研究授業を見せていただく機会があります。その際に「声が届いていない」先生に出会うときがあります。しかし、そのことをご本人は気づいていないことが多い。

これは教師の基本となる最初の大切な技量です。
「声を届かせる」

まずは自分の声を知ること。

それには自分の話している姿をビデオカメラなどで撮ることが、簡単で有効な方法です。

ＶＴＲは人間の耳と違って聞き分けることができません。つまりすべての「音」を録音していきます。

再生すると自分の「声」について様々なことがわかってきます。自分の「声の癖」がわかります。

手軽にできることはＩＣレコーダーで録音する方法です。常にＩＣレコーダーをポケットや授業鞄の中に入れておき、授業をするときに教卓の上に置いて録音ボタンを押す。たとえもう一度聞き返す時間がなくても、「録音している」という状態が「話し方を意識する自分」へと変えてくれるのです。

録画・録音するのは授業だけではありません。子どもたちに何気ない話をするときや、何かを連絡するときの様子も録画・録音するようにします。

お話をするときなら「間《ま》」が取れているか。

連絡するときなら「端的」に話せているか。

授業以外の部分でも気づくことはたくさんあります。

▼自分の癖と対処法

(1)声が届いていない

意外に声が届いていない人はいるものです。自分の声が届いていないなあ、と感じたら自分の声のスタンダードの音量を一段階上げます。声を斜め上に飛ばす感覚です。そして何度も自分の授業を撮る。その繰り返しが上達への道です。

「声」の話から少し逸れますが、声が届かない要因の大きな理由は別にあります。それは話し始めるときの「環境」です。自分の声がきちんと通る環境にしてから話し始める。子どもたちの意識をきちんと自分に向けさせてから話します。そのことに関しては後に別項（36ページ）でお伝えします。

(2) 声が明瞭ではない

これは意識することで直せます。少しゆっくりめに口をはっきりと動かすことを意識して話します。声が明瞭でない人は概ね「口が動いていない」ことが多いものです。これもなかなか本人は気づきません。早口言葉で練習するのもいいでしょう。子どもたちと一緒にすれば楽しみながら習慣化できます。

(3) 早口である

私も早口な方だと思うのですが、〝声が明瞭〟であれば早口はある程度問題ではありません。クラスの子どもたちは聞き取れます。むしろ少し早口気味である方が多くの情報量を提供できると私は考えています。

話し方は「速度」ではなく、「間《ま》」が大切です。早口すぎる場合はセンテンスを短く切って話すことを心がけましょう。そして、少しくらい早口でも内容がきちんと伝わるよう、間《ま》を取りながら明瞭さを心がけましょう。

(4) 余計な言葉が多い

「え〜っと」「あの〜」など、無意識に言ってしまっている余計な言葉。

これらがない人の話はとても快適に聞くことができます。これも録画・録音していれば気づきます。気づけば意識できます。余計な言葉を排除しようと毎時間意識して授業に挑めます。

私が高校生のとき、あるベテランの先生が授業中に「あの〜」と何回言ったかを生徒に数えられていたことを思い出します(笑)。子どもたちは気づいているのです。

(5) 同じ方向ばかり向いて話している

これもVTRを見ていると自分の姿が赤裸々に映し出されているので気づけます。

また、授業や講演会などで講師の先生の話を体の向きや声の質などに注目して聞いていると勉強になります。

私自身も大学院の講義で同じ方向ばかり向いて話をする先生に辟易していました。

そのときに「自分は絶対にこうはならないぞ」と意を新たにしたことを覚えています。

自分の癖を知ることから始めましょう。
自分の声を撮ってスキルを磨いていくなんて、ワクワクしませんか？
自分を確実に〝更新〟していくために、まず「声」を変えましょう。

ONE POINT

癖を意識するようになったら、同僚に授業を見てもらってミニ研究会！

CHAPTER 1

04

〝読む〟から「話し言葉」が蓄積される

▼読むことで、「言葉」を蓄積する

クラスの中で「言葉」を持っている子がいますね。

「大人の言葉」をつかえる子のことです。「臨機応変」や「違和感」「類いまれな」など子どもは普段あまり使わないような言葉をつかったり、書いたりする子です。

このような子に共通しているのは、「読書家である」ということです。

圧倒的に読んでいる。

これは当然大人でも同じです。

〝読む〟から「言葉」に変化が起こり、「話し言葉」として蓄積されるのです。

私たち教師は読まなければなりません。それも教育書だけではなく、ビジネス書や文芸書、科学読み物など様々な本を〝飲み込んでいく〟ことが大切です。

大量の読書をしながら「言葉」は体の中に少しずつ蓄積され、あるふとしたときに口をついて出てくるのです。

▼読んだら、話す

読んで得た知識や話題は周りの人に話します。これで、インプットとアウトプットが両方できるのです。読んで一旦自分の身体《からだ》の中を通し（インプット）、自分の言葉で話す（アウトプット）。

▼フレーズに感動する

この言い方いいなあ。このフレーズつかえるなあ。この表現素敵だなあ。読み進める中でこのような感覚を大切にします。そしてそう感じたら、すぐに線を引いたり、丸で囲んだりします。

言葉やフレーズをコレクションしていくのです。

「大量に読むこと」は、話し上手になるための有効な手段なのです。

ONE POINT
大量読書をして、「フレーズのコレクション」をしよう！

CHAPTER 1

05

“書く”から話せる

▼常に「書いている」状態＝話すためのアイドリング状態

話せるカラダは「書く行為」がつくっています。

話せるジブンは「書いているとき」につくられます。

長く話せる。

咄嗟に話せる。

気の利いたことがパッと出てくる。

これらは日々自分が書いているかどうかで決まります。

例えば子どもたちに授業で話す。話し合いがもっとうまくなるようにアドバイスする。指導する。

そんなときに、より的を射たことが言えるかは、「授業記録」を取っているかどうかにかかっています。具体的に授業記録を取っている人が、子どもたちに具体的な指導ができるのです。

特に「授業のテープ起こし」をしたことがある人はわかると思うのですが、映像を観ながら授業中どの子が何を言ったのかの記録を取る行為は、子どもたちの授業への関わりの様子を〝実感〟できる最高の教師修業です。「授業のテープ起こし」をすると、「田中君が話し合いのこの場面でうまく繋げてくれたんだよね。『他に意見ある人は……』って」とか、「山田君は常に話し合いが逸れそうになったときに、本筋へ戻そうとする役割をしてくれている」などといった言葉が出てきやすくなります。

また、教師が自分の体験談を話す、いわゆる「エピソード」を語る場面。旅先で色々と話せる出来事があった場合、それを走り書きでもメモしておくべきです。メモをすると、頭の中のどこかにその出来事が蓄積されるので、〝風化〟を防げます。そしていざ話そうとするときに思い出しやすくなります。

「書くこと」は経験した様々なことを自分事にする行為です。具体的に話せる自分をつくるためには、「書き癖」をつけることです。

ONE POINT

「書く」を日常化して「話せる」下地を育もう！

CHAPTER 1

06

教室コトバ

▼抽象語を排除する

教師は短い時間の中で伝えることが多いものです。そういうときに排除すべきは「抽象語」です。


「まっすぐに並びなさい」

とは言いません。

「前の人の頭を見ます」

と言います。

「大きな字で書きなさい」

とは言いません。

「自分のグーくらいの字で書きます」

と言います。

「まっすぐ」や「大きな」の概念は子どもによって違います。共通認識をさせるために、**抽象語を排除し、今ココで伝わる言葉を選択する**のです。

▼指示は具体的に出す

「段落をつけます」

と言えればいいのですが、定着していないうちや、低学年には視覚的に伝えます。

「文章が真四角ですよ。でこぼこにしなさい」

と言うのです。

「静かにしなさい」

も言いますが、

「まだ〝2ザワザワ〟が残っています。〝ゼロザワザワ〟にしなさい」

とも言います。

これらを私は「教室コトバ」と呼んでいます。

▼「教室コトバ」が出てくるためにすること

私は日頃から様々な音声を「教室コトバ」に変換して聞いています。

テレビの説明しかり、博物館での解説しかりです。
それが瞬時に「教室コトバ」を生み出すための修業です。
常に「子どもにどう言うか」という意識を持って生活するのです。
教室コトバは教室外での意識の強さが育んでいるのです。

ONE POINT

「教室コトバ」のコレクションをつくろう!

CHAPTER

2

ここを押さえれば子どもの心をわしづかみ！話し方の基礎・基本

CHAPTER 2

01

話す前に話させない

▼教室がザワザワしているのは……

「教室がどうもザワザワしています」という相談を受けました。教室がザワザワしているというのは、先生が「待てない」教室です。つまり、教室がザワザワとなった段階で、黙って前に立ち、待つのです。そこで、「静かにして」「静かにして」と何度もやってしまってはいけません。

子どもたちがザワザワしているのに話し出すのは望ましくありません。自分（教師）が「話す前に話させない」ことです。

「話します」と言って様子をうかがう。そして気づくまで最初は待つのです。そのうち気づいた子から教師の方を注目し始めます。その子に目で合図を送ります。手で良く気づいたね、と合図を送るのもいいでしょう。

そうして〝私語をしている方〟が目立つ状態になり、私語がなくなる。そのとき初めて話し出します。これを何度も繰り返します。

ここで注意しなければならないのは、子どもたちの無駄な話し声＝教室の騒音が「2」くらいで話し始めてしまうことです。言うなれば「2ザワザワ」です。

話し始めるのは完全に「ゼロザワザワ」になってから。

「2」で話し始めることは、子どもたちに「少しくらいの私語ならこの教室では許される」という〝裏ルール〟をつくらせてしまうことになります。

最初は時間がかかってイライラするかもしれません。しかし、四月のスタート時にまずここをきちんとしておかないと、後から大変になります。

一番いけないのは子どもたちの私語に負けまいと、より大きな声で授業をしてしまうことです。そうなると子どもたちは教師の声に負けまいとします。私語はさらに大きくなり、〝騒音〟と化します。

私語やざわつきがあるときは話し始めない。授業を進めない。

これを徹底します。

毎回怒る必要はありません。淡々と笑顔で待ち、静かになったら話し始めるのです。

ONE POINT

常に「騒音ゼロ」で話し始める。

「前振り」はいらない

▼いきなり始める

話し始めるとき、「前振り」はいりません。いきなり始めるのです。

研修会や講演では話し始めに注目しておくと面白いです。

話の上手なスピーカーは冒頭が上手です。

「只今紹介されました〜」では始まりません。「本日は遠方より〜」でも始まりません。

教室では……。

「本文を二つに分けます。どこで分かれているか考えながら聞きなさい。読みます」

と言ってテキストを読む。

体育館では……。

「すべてのマットで前転をしたらここに集まります。始め」

理科の実験のときには……。

「この中に間違った実験道具があります。どれですか?」

学校の中庭で行う生活科では……。

「秋と思うものを見つけたら、そこにこの目印を置いてきます。範囲はこの中庭だけです。三個見つけたら戻ってきます」

数え上げればきりがないですが、もしそれぞれの前振りにあれこれと話していては授業が濁ります。子どもたちの中に、ほど良い緊張感も生まれません。

できるだけ〝当たり前のこと〟を前振りに話すのを避けましょう。

「はい。ではね、今日は秋を見つけにいこうと思うんだけれど、まずは全員で守ることを言いますね。はい、そこ話さない！　あれ？　何でそんな物持ってきているの？」とやっていてはダメなのです。

ONE POINT

いきなりトップギア！　いきなり核心！

CHAPTER 2
03

語尾を意識して話す

▼「思う」をつかって雰囲気を和らげる

「思う」という語尾は柔らかい印象を与えます。自分が冷静になりたいときや、相手（子ども）が冷静ではないときに意図的に「思う」をつかうことでクールダウンすることができます。

生徒指導場面などで指導者側に求められるのは「冷静である」ということです。最近「アンガーマネージメント」という言葉がよくつかわれるようになってきましたが、「思う」の語尾は話の場を少し和らげてくれます。

▼「〜しなさい」で毅然と

「〜してください」という語尾と、「〜しなさい」という語尾。
微妙にニュアンスは違いますね。これも場によってつかい分けます。
子どもたちに襟を正させたい。事故が起こらないようにピリッとした空気で挑ませたい。などというときは毅然と「～しなさい」と言います。

落ち着いてしっとりと連絡を伝えるときなどには「～してください」という言い方ができます。大切なのは「こうすべき」という決めつけや思い込みです。

そこに意図があるか、が大切です。

「～しなさい」といつもしかめっ面をして指示を出す先生がいました。この先生はきっと「～してください」と言ってもしかめっ面をしているので、与える印象は変わらないでしょう。

話すときの言葉と表情は常にセットです。

先の先生と仕事をするときは横にいる私もストレスでした。

しっとりと柔らかい表情で「～してくださいね」と言うときがあってもいいのです。

考えなしに〝教師然〟とするのはただの威圧です。

教師は知的な存在でなければなりません。

語尾一つで、その人の知性が表れてしまうものなのです。

ONE POINT

「語尾」にその人の知性が宿る。

CHAPTER 2
04

1／5パントマイム
——ちょっとでいい。「ジェスチャー」をうまくつかう。

▼パントマイムを1／5取り入れる

子どもたちに話をするときに、ただ前に立って話をする状態よりも、少しでいいので「パントマイム」「ジェスチャー」を入れると伝わり方は格段にアップします。話の全体の1／5にあたる程度でいいのです。もっと少なくてもいいかもしれません。要所要所でちょっとしたパントマイムを入れながら話すのです。

例えば、「バスに乗って山奥の温泉旅館に行った」という自分のエピソードを話しているとします。その際は、まず「駅前でバスを待っている様子」を少しのパントマイムで表します。時計とバス停の時刻表を照らし合わせるジェスチャーに、遠い目をして遠くからのバスの到着を想像するようなジェスチャーを入れれば、そこは立派なバス停となります。

また、会話場面は漫才でよく見られる立ち位置を右に左に変えるだけで、二人の会話になります。

▼パントマイム（ジェスチャー）は堂々と

さて、パントマイムやジェスチャーを取り入れるときのコツは、「堂々とすること」です。自信なさげに行うパントマイムほど微妙なものはありません。やるときは堂々と、ゆっくりと行います。子どもから「わからない」という声が出ても気にしません（笑）。やりきるのです。もしそういう声が出たら、「この素晴らしいパントマイムがわからないのですか！　もう一度やるからよく見ておきなさい」と言って、もう一度行えばいいのです（笑）。

ONE POINT

少しの「パントマイム」「ジェスチャー」が話に絶妙な空気を纏《まと》わせる！

CHAPTER 2

05

「話しかけなくてもいい人」にならないために

▼なっていませんか？　「話しかけなくてもいい人」に

「話しかけなくてもいい人」、それは「話しかけられない人」とはちょっと違います。「話しかけられない人」というのは人間的に問題があって……つまり、「話しかけたくない人」や「話したくない人」のことです。

本項で取り上げるのは話したくないわけではないけれど、「無理に話さなくてもいい人」のこと。

悪い人ではないのだけれど、深く話さなくてもいいかな。

いい人なのだけれど、相談にはのってもらえないな。

無理に話す必要はないな。

……そんな風に思われていませんか。

こう思われる人の特徴を挙げてみたいと思います。

▼「相づち」の多すぎる人

人の話に対して「ええ」「ええ」「うん」と何度も何度も相づちをしてくる人がいるのですが、「相づち」が多すぎるのは相手に「本当に話を聞いているのかな」という不信感を抱かせます。相づちはしばらく話を聞いてから打ちます。ここぞというときに打つのです。

▼目が合わない人、キョロキョロする人

話しているときに色々な方向にキョロキョロと顔を動かされたら、「この人、別のことが気になるんだな」と興ざめします。そもそもこのような聞き方は相手に失礼ですよね。

▼子どもにそう思わせていないか

さて、ここで大切なのは、子どもにそう思わせていないか、ということです。

先生に話しかけても何だか上の空だなあ。

先生に相談しても頷くばっかりで、解決するようには思えないなあ。

こういうことを子どもは言いません。

いや、言えません。

でも、感じているのです。子どもたちに、

「相談してみよう」

「とりあえず先生に話してみよう」

「この話を先生に聞いてもらいたい！」

そう思ってもらいたいものです。

そのためには、当たり前のことのようですが、必ず人の（子どもの）話は最後まで聞くこと。

相手が何か小さいことでも尋ねてくるような内容であれば、きちんと一つひとつ応えていくことです。

いい加減に聞いていては、子どもの信頼を得ることはできません。

ONE POINT
話は最後まで愚直に聞く。

CHAPTER

3

子どもが熱中する話材とその集め方

CHAPTER 3
—
01

自分は何が話せるか？

▼話すこと、ある？

「自分は何が話せるだろうか？」

この問いは結構怖い問いかもしれません。

子どもの前で話すといえば注意、叱責……になっていませんか。

同僚と一緒に話すといえば子どもの悪口、上司の悪口になっていませんか。

家で話すといえば、職場の愚痴ばかりになっていませんか。

これではあまりに人生がもったいない。

「話すこと」が湧き出てくるような自分になりましょう。

▼感性を磨き続ける

そのためには、**感性を磨き続けなければなりません**。

それには好奇心の赴くままに旅や冒険をすることです。

旅は宿泊することだけを指すのではありません。

日帰りで京都に行くことも旅です。

博物館や美術館に行くことも旅です。

美味しいスイーツを求めて百貨店の地下街を歩くことも旅です。

冒険はジャングルを行くことではありません（笑）。

日頃通っていない道を行くことも冒険です。

日頃あまり観ないジャンルの映画を観ることだって冒険です。


話せるようになるためには自分の生活を〝前のめり〟なものにしましょう。

様々なことに好奇心を持ち、色々な所に足を運びましょう。

体験し、感動する。その繰り返しであなたの感性は磨かれ、いつのまにか「話せる」自分を手に入れているのです。

ONE POINT

話せる自分になるために、外へ出よう！

体験し、記録せよ！

▼体験した後が肝心！

まず初めに強調しておきます。

「体験」までは誰でもします。その後が肝心なのです。子どもが熱中する話をしたいのであれば、その後の「記録」にすべてがかかっています。まずは「忘れている」という事態を防ぐ。記録しておけば安心して忘れられます（笑）。

子どもたちは先生のプライベート話に熱中します。ここでは、旅行や見学など〝どこかへ出かけた際〟の「子ども熱中話」まで繋げる方法をお教えします。

私の体験です。

京都へ行きました。そこで陰陽師で有名な小野篁《おののたかむら》由来の地を回りました。これなどもう〝子どもたち熱中〟の話になること請け合いです。歴史の学習の際に話します。

赤穂にある大石神社に立ち寄りました。私は忠臣蔵が好きなので四十七士のエピソードなどを神社の佇まいと共に伝えます。

さて、こういった貴重な体験をしたときは、後日子どもたちに歓声でもって迎えられる話に仕立て上げたいものです。

そこで、現地でやっておくことがあります。それが記録。メモ帳に必ずその場でメモします。次のようなことをメモしておきましょう。

①日付、場所、名称

②その場の佇まい

「暗い感じ」「風が心地よい」「不気味な感じ」などと記しておく。これで後で思い出しやすくなるし、話したときにこれがリアリティーになる。

③現地の人の話

現地の人に少しでも何か尋ねる。パンフレットなどのかしこまった文言以外の「生きた語り口調」を手に入れておくことがミソ。

④自分の感じたこと、考え、アイデア

そのとき感じたことを冷凍保存しておく。

⑤使う場所

手に入れたアイデアが今後どのような場面でつかえるかを記録しておく。

「授→授業でつかう」

「エピ→エピソードを語るときにつかう」

こうしておけば、後で「何かエピソードのネタないかなあ」と思ったときにすべて読まなくとも、検索しやすくなる。

これらのことをメモ帳に走り書きでいいので、必ず記録しておきます。いざというときにつかえるのが良い記録です。それをもとに、私は次のように語ります。

「冥界と現世を行き来していたとされる小野篁。知っていますか。今から先生が陰陽師、小野篁の話をします。陰陽師とは……（略）。まずは井戸の話（ここで一息置く。目を見張る）。先生が立ち寄った京都の六道珍皇寺。本堂の後ろには、篁が冥界、つまりあの世へ通うのに使ったとされる井戸があるんだ……（ゆっくりと、静かな声で）。その井戸があるとわかっていて行くものだから、最初から雰囲気が違うように感じるのね。何となく肌寒いような、不気味な感じ。でも最初、その井戸がどこにあるかわからない。近くまで行けないので、よく目を凝らして見ると、庭園の奥にその井戸があったわけよ。（クラス中を見回しつつ）あそこが、あの世につながっているといわ

れる井戸か……。あの世の入り口か……。そう思って見ていると、急に横から、「こんにちは……」って、声をかけられて！「びっくりした！」って。ちょうど観光客の人に解説をしてくれている人だったのね。それで声をかけてくれたわけ。その人の話によると、実はここは……」

それでは今回はこの辺で（笑）。

ちなみに赤穂義士の、忠臣蔵の話バージョンは一時間ぶっ通しで語れます（笑）。面白い所を旅したら、ぜひその体験をエピソードにまで仕立てて、持ちネタレパートリーを増やしましょう。

ONE POINT

「とっておきのエピソードにして話そう！」と思いながら観光を楽しむ。

子どもが一番聞きたい話は〇〇が出てくる話！

▼子どもたちは〇〇が出てくる話に喜ぶ

〇〇には何が入ると思いますか？　子どもたちが目の色を輝かせて話を聞く大きな話題です。

〇〇には、「自分」が入ります。

〇〇には、「友だち」が入ります。

子どもたちは「自分のこと」が出てくる話が大好きです。「友だち（クラスの子）」が出てくる話が大好きです。

ということは、「子どもたちに話すネタがない！」という悩みは解消されるのです。だって、目の前の子どもたちの話題を子どもたちは待っているのですから、ネタは目の前に毎日現れていることになります。

というわけで、日頃から「クラスの子の話をしよう」「何か面白いシーンはないかな？」「何か面白いことを言っていないかな？」という意識で過ごすことが第一歩になります。

ただ、得てしてギラギラと「面白エピソードは〜〜〜〜」と探し出すとなかなか見つからないもの。そうではなく、まず自分の体を「記録体質」にすることです。

記録魔になる。

日常から子どもたちのエピソードをどんどん記録していくのです。そうすれば次第に記録していなくてもエピソードが自分の中に入ってくるようになります。

▼記録するチャンスは……

記録するチャンスは突然訪れます。

給食当番の列を率いているとき。

休み時間、ドッジボール中に。

給食を食べているとき。

掃除中。

下校間際の会話で。

授業中。

集団下校引率中。

実に様々です。それはそうです。**子どものいるところ=エピソードが生まれるところ**、なのですから。

その都度メモしましょう。

男性ならスーツの内ポケットにメモ帳を入れておき、胸ポケットのペンを使って走り書きします。

常にメモ帳に手が届く環境を自分の身の回りにつくっておき、必ず「!」と思ったときは拾うのです。

すべて拾うのです。

ONE POINT

子どものエピソードが子どもの聞きたい話。

CHAPTER 3
04

自分の「子どもの頃の話」がつかえる！

▼子どもの頃の話をするための下ごしらえ

先生の子ども時代の話、これも子どもたちが好む話題の一つです。子どもたちが自分と照らし合わせて共感したり、驚いたりできるからです。

私の話の大半も、子どもの頃のエピソードが占めています。面白く語るための下ごしらえをご紹介します。

ここからは、ご自分のメモ帳やネタ帳を手元に置きながらお読みください……。

▼リストを作る

まずはネタ集めです。夏休みなど少し時間にゆとりがあるときに、自分の子どもの頃を思い出してリストにしてみましょう。そのときは「面白いかどうか」や、「話す分量が適切かどうか」などは一切気にせずに番号を付けて書き出します。

①カブトムシ採りによく行った

②地獄の水泳特訓

③夏休みの恒例！　ザリガニ釣り！

④妖怪探偵団シリーズ

⑤学校で肝試し

と、どんどん書き出していきます。リストがたまってくると、まだ子どもたちに話していないのにワクワクしてくるから不思議です。まずはリストを作って〝一歩前進感〟を味わいましょう（笑）。

ではやってみてください。

やってみましたか？　「わかっている」と「やってみた」では大きな違いがあります。結局、「実際にやってみる人」は驚くほど少ないのです。

素直に、愚直にやってみる人だけが次の扉の鍵を手にできるのです。

話が逸れました。

▼リストに書き足す

次に、とりあえずババッと作ったリストに少し書き足していきます。

まず書くのは「話の中心」です。一番メインになる場面を具体的に書き足します。

①カブトムシ採りによく行った
↓初めて採ったのはカブトムシのメスで、街灯に当たって落ちてきた。
②地獄の水泳特訓
↓よく父に練習の最後にプールに投げられた！
③夏休みの恒例！　ザリガニ釣り！
↓面白いように釣れる秘密の場所があった！
④妖怪探偵団シリーズ
↓結成の秘密、最初の「緑の手」事件！
⑤学校で肝試し
↓六年生でのお泊まり会。音楽室のピアノで悲劇が！

話がグッと具体的になってきましたね。その後は付随するエピソードなどを書き足していきます。

▼「オチ」を考える

子どもたちにウケるのは「失敗談」で終わるパターンです。「結局〜」というオチですね。ドジな終わり方もウケます。

しかし、最初からオチに悩む必要はありません。子どもの頃のエピソードですから、覚えていない部分は少し付け足しても構いません。「オトサナイトイケナイ」というのは関西の人に強い発想かもしれませんね。だって、関西では話の最後に「で?」と言われたら絶望的ですから(笑)。

今回の場合は「結局〜」という終わり方でなくとも、そのままの話で笑顔で終われればいいのです。先生が自分の子どもの頃の話をしてくれている、というシチュエーションが、クラスに笑顔をもたらすのです。

ONE POINT

「噺家」のごとく、子どもの頃のエピソードで自分の「持ちネタ」を作ろう!

失敗談——実録『恐怖のポケット』

▼万人にウケる話材

「失敗談」は万人にウケます。

子どもたちには教師の子どもの頃の失敗談があればあるほどウケがいい。

それでは早速ここで実録いってみましょうか。

▼実録『恐怖のポケット』

先生が一年生くらいのときです。その頃の先生は何でもポケットに入れる癖がありました。ドングリ、きれいな石、集めているビー玉……。

しかし時にはダンゴムシといった昆虫まで……。

そのときは何と捕まえたコオロギをポケットに入れて遊んでいました。ポケットは捕まえたコオロギでパンパンです。もうこれだけで十分に〝恐怖〟ですよね。

しかしこの後、本当の恐怖が先生を襲います。

さて、遊びも後半、もうこれ以上入りきらないというくらいコオロギをポケットに詰め込んだ先生は意気揚々と走っていました。

走っていたんですよ。（ここで間《ま》……）

はい。もうおわかりですね。話していいでしょうか。心の準備はよろしいでしょうか。

走っていて当然、はい。当然そこで先生、つまずくわけです。

「あ！」ってね。

もうそこからはスローモーションですね。どんどん体が地面へと吸い寄せられていく……。

一年生だった先生、しかし精一杯の努力をします。さすがの先生も小さいとはいえこの先起こる悲劇が読めています。

「大変な未来が訪れる」ってね。（ここで最高の笑顔）

そこでどうしたかというと、空中でカラダをひねって〝あの事態〟だけは避けようとしたんです。〝あの事態〟だけは。

フンッ！

ダメでした。しかもどうなったかというと、

心の準備はいいですか……？

回転して地面に真っ先に着いたのが、何とコオロギがパンパンに詰め込まれている側のポケットだったのです！！

はい、コオロギポケット、地面にまっしぐら！

キャアアアアアア!!!（子どもたちも一緒に絶叫！）

すみません。取り乱しました。

ズン！

あ、これ地面に着いた音ね。地面に。

先生、しばらく動けませんでした。いくら一年生の先生でも事態の大きさはわかっていますよ。だから、地面にうつぶせになったままそのまま、動けませんでした。

固まっていました。その場で。

永遠の時が流れていました。

そこからの記憶は……ないです。

遠のく意識の中、洗濯をするときの母親の悲鳴と激怒する顔だけが何度もシミュレーションされていました。

▼「失敗」を「ネタ」に変えて〝貯金〟しておく

さて、いかがだったでしょうか（笑）。

これは実話です。しかし極端な話、実話でも実話でなくとも関係ありません。身近に起こる失敗談、恐怖話は格好のネタです。その中でもさらに子どもたちに共感を呼ぶような話は身を乗り出して聞いてくれます。

宿題忘れの失敗談。

先生自身が子どもの頃に担任の先生に怒られた話（私はいつも体操服を忘れてビンタされた話をしています。苦笑）。

乗り物での失敗。乗り過ごし、切符の買い間違い。忘れ物など。

もちろん、現在の失敗も大いなるネタです。

失敗したときは、「ラッキー！　子どもに話すネタができた！」と思って、失敗の〝もと〟を取ってくださいね。話のネタとして〝貯金〟しておくのです。

☑ ONE POINT

「失敗」したときは「ラッキー」！

CHAPTER 3 — 06

盛り上がり必至の「テッパンワード」ご紹介！

▼「テッパンワード」の登場です！

それ自体、その存在自体が笑いになる！　物語になる！　という「テッパンワード」が存在します。

それでは早速順番にご紹介いたしましょう！（頭の中でドラムロールを鳴らしながらお読みください）

エントリーナンバー１！　「ソフトクリーム」！

ソフトクリーム、どうですか。この響き。「失敗談」と組み合わせることで、もう想像が広がりますよね。

そう。後はどうやって落下まで持っていくかです（笑）。

ソフトクリームとくれば落下。

同じ仲間に「アイスクリームトリプル」があります。一番高い所に位置する三つめのアイスを落下させましょう。

エントリーナンバー2！「フランクフルト」！

さあ、迷わずこれも落下させましょう。これは棒から抜けていくときに時間の経過を演出することができますから、落下までのまた違った演出効果が期待できます！

さてエントリーナンバー3！「クリームソーダ」！

さてこれは……？　派手な色ですね。あ、「トロピカルフルーツハワイアンマンゴーサンデー」でもいいですよ。さてこれをどうするか？　倒すのです（ちなみに先ほどから落とす、倒すと言っていますが、そういった体験があれば〝オイシイ〟わけです。なければ〝創作〟もあり、というわけです）。

これはストレートに手を伸ばして躊躇なく倒すことをオススメします。当然その後は流れますよね。流れた後は服についてシミになりますよね。

これらの失敗談は、小さい頃先生がしてしまったんだ……とか、小学生の頃友だちと一緒に遊んでいて……という話の文脈で使いましょう（実際にこれらはすべて私の体験談をもとにしています。笑）。

ただ、決して食べ物を粗末にする方向にいかないようにしてください。あくまでも遊びではなく、失敗談ですから。

さて、エントリーは続きます。

エントリーナンバー4！　「あらゆる箱」！

ここからは失敗談ではありません。さて「箱」。箱はそれだけで物語性のあるものです。箱はもちろん、蓋が付いているものです。

「ここに小さな箱があります。蓋がしてあって、何やら中で音がしています」

ほら、これだけでも何か少し気になりませんか？

何が入っているんだろう。箱は聞き手の想像力を掻き立てますね。

エントリーナンバー5！　「わんちゃん」！

子どもたちに動物ネタはまさにテッパンです。動物が大好きな子どもは多いので話にのってきてくれます。

私はゴールデン・リトリバーを飼っています。その話が子どもたちは大好きです。他にもハムスターやテレビで観たサメやイグアナ、ライオンなど動物を介しての子どもたちとのやりとりは、ほのぼのとした空気を生んでくれますからオススメです。

▼「テッパンワード」はコレクションする

子どもたちに話して盛り上がったキーワードは「テッパンワード」としてコレクションしましょう。私は盛り上がったときは授業記録にそのテーマも書いて残しています。

人間はすぐに忘れてしまう生き物です。せっかくうまくいったときには再利用できるように「テッパンワード」として残していきましょう。

「テッパンワードリスト」を作るのも楽しいかもしれませんよ。

ONE POINT

「テッパンワード」を探しながら一年間を過ごそう。

CHAPTER 3

07

何度も同じネタで勝負せよ！

▼「十八番《おはこ》」をつくれ！

今年話したことをまた来年度にも話すのです（持ち上がりではない場合）。

または専科で複数のクラスを担当しているならば、すべてのクラスで同じ話をするのです。

こうすることで、落語家の演目ではないですが、あなただけの「十八番《おはこ》」ができ上がってきます。

藤山寛美さんの舞台映像を集めたＤＶＤに、「十八番箱《おはこばこ》」というものがあり、私は何度も観ているのですが、それと同じく「自分だけの十八番箱」をつくっていくのです。

何度も話しているうちにどんどん話し方が洗練されてきます。

「ここでもう少し間《ま》を取ろう」とか、「ここはわかりにくそうだったからもう少し詳しく語った方がいいな」とか毎回感じたことを改善していくのです。

▼私の十八番は……

私の場合は小学生時代の話で「妖怪探偵団」シリーズです（笑）。小学生のときに、男子五人で妖怪探偵団を結成していました。そのときの様々なエピソードが頭の中にストックされています。

妖怪探偵団の話は担任をする度にしており、もはや「シリーズ化」されて何度でも話すことができますし、子どもたちがここで笑うだろう、ということもほとんど頭に入っています（笑）。

何度も同じ話をし、それを鉄板ネタに仕上げ、自分だけの「十八番箱」をつくりましょう。

ここでもう一工夫です。うまくいった話、子どもたちに大いにウケた展開はすぐにメモしておきます。メモをして気づきを形にしておくのです。

ONE POINT

自分だけの「十八番箱」をつくろう！

CHAPTER

4

子どもが熱中する
エピソードの語り方

CHAPTER 4

01

子どもが教師のエピソードに没頭する「布石」は？

▼教師と同じ方向に向かせる

子どもたちが教師のエピソードに没頭する、集中する秘訣は、「同じ方向に向かせること」です。話の最初に〝共感部分〟をつくるのです。

例えば教師の面白エピソードで……。「アイスクリームのトリプル（三種類がコーンにのっているもの）を購入して、うっかり一番上の部分を地面に落としてしまった」ということを話す場合です。いきなり先のように話してしまっては身も蓋もありません。

教　師：アイスクリームを買うとき、あるよねえ。そのときに二つとか、三つとか頼むことができるのを知ってる？　トリプルとか！

子ども：わかる！　五つもあったで。

子ども：カナダは七つやった。

教　師：そうそう。それ！　実は……。

この「実は……」までのやりとりが「同じ方向に向かせるやりとり」です。つまりは、「共感を置く」、ということですね。教師と子どもたちが同じ風景を見ている状態にするわけです。

その上で話すから、子どもたちの反応が良くなるのです。こちら（教師）側の世界にきちんと引き入れてから話を進めていくのです。

▼エピソード以外でも……

生徒指導の話をする場面でも同じです。「廊下を走っているときに低学年の子とぶつかりそうになって冷やっとしたことがある人、いるよね」「自分が話そうとして仲間がおしゃべりしていたら気分悪いよね」などと、どの子もが経験しているようなケースを最初に持ってきて、まずは同じ方向を向かせるのです。

話に没頭させるには、子どもの意識をこちら側に向かせる「布石」が大切です。

ONE POINT

「当事者意識」を持たせるための「布石」を最初に打つ。

具体的に話す

▼「固有名詞」を入れる

「昼ご飯を食べに行ったんだけど」と言わずに、

「大正軒の餃子定食を食べに行ったんだけど」と話します。

「先生の小学生時代の友だちと旅行に行きました」と言わずに、

「先生の小学生時代の友だち、細川君って言うんだけど……一緒に旅に行きました」

と話します。

「遊園地に行った」ではなく、「ＵＳＪに行った」と言います。

エピソードを話すときに聞き手を引きつけるのは「**具体的である**」ということです。

固有名詞がポンポン出てくる話は聞き手を油断させません。

固有名詞が出てくることで、聞き手は「ん？」「お！」の連続になるのです。

私は子どもたちに毎年たくさんの自分のエピソードを話すのですが、登場人物はすべて名前で言います。

場所も実名を挙げて紹介します。

具体名は話に臨場感をもたらします。

エピソードを話すときには、抽象的に話すのではなく、極めて具体的に話すことを心がけると、子どもたちの意識をより話し手側に集めて話を聞かせることができます。

▼周りの風景や状況も具体的に

話の最中の描写も具体的に話します。

「学校裏の物置小屋で……」ではなく、

「壊れかけた自転車が二、三台置いてある学校裏の物置小屋で……」です。

「溶けかけたアイスクリームを食べながら……」ではなく、

「溶けかけたアイスクリームを高速で四方八方から食べながら……」です。

具体的に、具体的に……と意識しながら話すことで話の希少価値が上がるのです。

ONE POINT

「具体的に」を心がけると、オンリーワンの話になる。

CHAPTER 4
03

「〇〇」の多用で描写豊かに語る

▼〝同じ風景〟を見せるには「会話」がポイント!

子どもたちを引き込む話をするために大切なのは「描写」です。描写豊かに語ることで、教師が話している内容の風景を子どもたちに同時に見せることができます。

では、どのようにして描写するのか。

それは、**「会話」を多く取り入れる**ことです。

教　師:先生の友だちの斉藤君からな、夏休みに突然電話がかかってきたわけよ。
(友だち)「おう、森川」
(先　生)「え? 誰ですか?」
(友だち)「俺やん! 俺!」

子ども:おれおれ詐欺やん!

教　師:ほんまやで。人騒がせやろ。最初なかなか自分の名前言わへんもんやから、

先生もこれは不審人物ちゃうかと思って、
（先　生）「それでは……」
って切りかけたんよ。そうしたら、
（友だち）「俺！　斉藤！」
（先　生）「何や、斉藤か。えらい久しぶりやなあ」
（友だち）「そうやな。いきなりやけど、旅に行かへん？」
（先　生）「え？　ほんまにいきなりやな。どこへ？」
（友だち）「しまなみ海道！」

教　師：ここから先生と斉藤君の「しまなみ海道珍道中」が始まったんです。では今回から三回に分けて「しまなみ海道珍道中編」、お送りいたします！
拍手〜!!

という具合です。この話は、『森先の小話集』（私が繰り返し話す、エピソードネタ集）に入っている何度でも話をする「十八番《おはこ》」の一つです。

やりとりの中の（先生）や（友だち）の部分は、実際にはいちいち言わなくても体の方向を変えたり、少し声色を変化させたり、視線でコントロールするなどして、区別して聞けるようにします。

文章の中の「会話文」の多用は少し読みにくくなるのですが、エピソードを話しているときの「会話」の多用は、話をより豊かにします。描写豊かな話となります。

だから子どもたちが引き込まれる。

エピソードを語るときは「会話」をより意識して多用し、話の臨場感を高めましょう。そのときにうまく動作や視線を併用すると、より子どもたちを自分の話の世界に誘うことができます。

ONE POINT

話の世界に誘うには「会話」の描写が欠かせない。

エピソードの話し方
――ハードルを下げるアイテムとは？

▼最初はいきなり〝対子どもたち〟で話さない

子どもたちにエピソードを語るときに、最初はいきなり子どもたちにダイレクトで届けようとしないのも〝手〟です。

子どもたちが笑顔になる、笑い声が起こる話をしようと図1のように正攻法で挑んでも、話の苦手な人にとっては、なかなか引きつける話ができない場合があります。ハードルが高いわけですね。

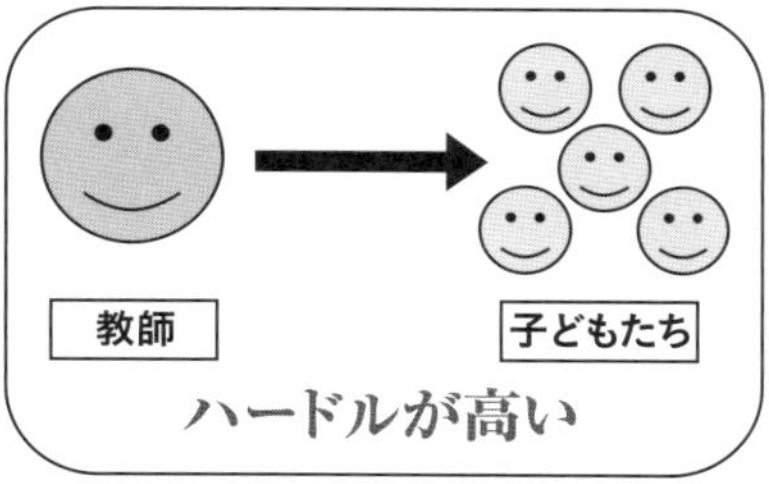

［図1］

▼媒介する物を置く

では、ハードルを下げるやり方、それが図2です。ハードルを下げるアイテム、それは「写真」や「言葉を印刷したもの」「言葉の板書」です。

自分（教師）と子どもたちの間に、「写真」を介して話す。これでグッとハードルは下がります。子どもたちの視線が常に教師に集中している状態から、媒介している写真にも注がれるからです。

いくら毎日子どもの前に立って話をするのが仕事の教師といえども、新任の先生やまだ教師経験の浅い先生で、「子どもの前でうまく話せない」「流暢に話したい」と悩み、もがいている先生はたくさんいらっしゃいます。そしてそれは当然のことです。だから、子どもたちの前で流暢に話せるようになるために、ステップを踏みながら「話し方」を向上させていくのです。

そのための最初の取っかかりが**「写真」や「言葉」などの情報を目に見える形にして教師と子どもたちの間に挟む**、というやり方なのです。

話すときは教師は、まずは子どもたちの方を向いて話し、次に話の話題を写真に向けたらそれに合わせて写真に視線を移します。

教師と子どもたちの**視線が同じ方向を向いている状態をつくる**のです。

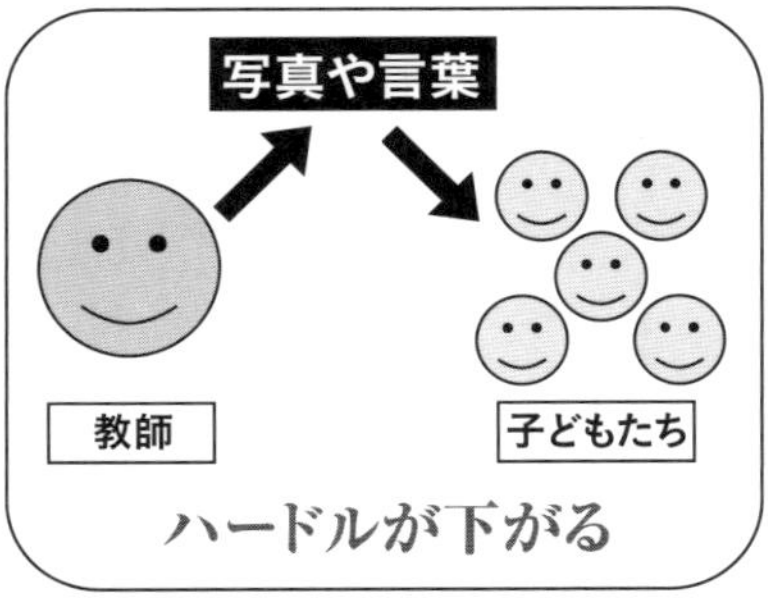

[図 2]

▼日頃から写真を撮りためておく

教師の体験や子どもたちの様子などを話すために、写真を日頃から撮っておき、前に映せる環境なら写真を映しながら話をします。

写真はきれいに整理する時間はありませんし、それでは続きません。内容別にフォルダに分けておき、それをそのままクリックしてどんどん次へ進めて話をしていきます。

パソコンを使用できないときは、プリントアウトしたものを用意します。多少小さくても、これは話のきっかけですからあまり気にすることはありません。

あくまでも**写真や前に提示する言葉などは、無の状態で話をしないための〝小道具〟**に過ぎません。別にいらないのならそれに越したことはないので、早く「無」の状態で話ができるように技術的にもメンタル的にも慣れていきましょう。

ONE POINT

まずは教師と子どもたちの間に〝小道具〟を挟んで話し慣れよう。

CHAPTER 4

05

「共通イメージ」をうまく利用する
――実録『修学旅行の夜』

▼「共通してイメージできること」をうまくつかう

子どもたちが全員「共通してイメージできるもの」は笑いに繋がります。

ここで取り上げるのは「ふすま」。

さて、一体何のことでしょう。

子どもたちに私が六年生だったときの修学旅行の話をしました。

当然盛り上がるのは「夜」の話です（笑）。

男子が全員大広間に集められてそこで寝た話をしました。話は当然先生と寝ない子どもたちとの攻防になります（笑）。

この展開の場合、ポイントは「大広間と外の世界」。いわゆる「教師側」と「子ども側」の接点をいかにうまく話せるかにかかっています。

そこで活躍するのが「ふすま」なのです。

「ふすま」はまず、どの子も共通してイメージできます。子どもたちの頭の中のイメージを統一できます。

さらに、ふすま自体の持つ特性が話を面白くします。

「ふすま」はいつ開くかわからない。

「ふすま」は物音が立たない。

「ふすま」は向こう側に誰がいるかわからない。

こういう**「共通性があってイメージが膨らみやすい素材」**は、**「使い勝手の良いアイテム」**なわけです。話をするときに重宝します。

今回の場合、「ふすま」を軸に話を展開させたわけです。

では、実際の話を再現してみますね。

▼実録『修学旅行の夜』

先生(小学生時代の私のことです)たち、当然なかなか寝られなくてね。で、最初にふとんから抜け出したのは斉藤君なわけ。

ふすまの前で、踊るわけよ。「いえ〜い」とか言って。で、先生は「やめろって！そろそろ先生、入ってくるぞ！」って言うわけ。

そしたら斉藤君振り返ってな、「何やみんな臆病やなぁ。先生が怖くて修学旅行行けるか～い！　ほら、一緒に！　来いよ！」って先生たちの方を向いて言うわけ。カモーン！　とかやってるわけ。そうしたら……わかるよね。
《子どもたちの顔が上がる》
ふすまがス――――ッと。
《ここでふすまが静かに開いてくるジェスチャー》
先生たち、〈おい！　後ろ！〉ってジェスチャーするけど……時すでに遅し。
さあ、斉藤君振り返りますよ～。
《子どもたちニコニコ……》
クルリン！

「わお!!」

《子どもたち笑う》
それで斉藤君、引っ張って行かれました。ふすまの外にね。ズルズルズル……。
ス――――パタン！
「斉藤ぉぉぉ――――!!」

一人脱落！

さあ、一人いなくなりました（笑）。

でもみんなおかしくって、笑ってたのよ。斉藤けっさくやなあ、って。それで少して一人の男が立ち上がったわけ。

「おい！　お前たちそれでいいんか！」って。さてそれは道川くんでした。

「仲間をそのままにしていいのか！」って言う。は？　何言ってんの？　斉藤は今、外で怒られてるんやで。どないして救うねん。

「俺にまかせろ！」

え？　何？　何この展開！　何だかとっても……格好いい!!

でもどうするんや？　今ふすまの外では斉藤が怒られている。それをどうやって？

どうやって助けるというんだ?!

道川君、おもむろに立ち上がってふすまの方に歩いていくわけ。

《ここでBGMを口ずさむ森先。子どもたちには背を向けてふすまの方へ歩いていくジェスチャー。子どもたちの目の前にはもう修学旅行の大広間の入り口のふすましか見えていない》

おい、行くのか。本当に行くのか。

《ここで心臓の音のSE（効果音）》

そして何と、道川、すごい行動に出た！

「パーーーン!!!!」

ふすまを!!!

ウッギャア、やった！　そして彼は何て言ったと思う？


「トイレ行っていいですか!!」

《子どもたち爆笑》

向こうで斉藤君を怒っていた担任の先生も、「お、おう。いいぞ」って。「何しだすんや?!」ってびっくりしたわ。

いや、待てよ。うまい、うまいぞ道川。そうやってまずは斉藤に近づいたわけだな。やるじゃないか、道川。

それで彼はそのままトイレへ。

帰ってくる道川。それで担任の先生が「よし、トイレ終わったんやな」って言うと道川君さあ、「まあ、終わったと言えば終わったんですけど、まだと言っちゃあまだ

というか……」なんて言うもんだから、やっぱり……、

「ちょっと来い！」

ズルズルズルズル……ス――――、パタン！

「道川ぁぁぁぁぁ――――!!」

はい、二人目が脱落。……てな具合で大変な夜でした。

【エピソードここまで】


実際にはこの後まだ少し続くのですが、今回はこの辺で。

話の内容は他愛のない話です。しかし、「ふすま」を介して子どもたちの想像がリアルになされていたことだと思います。想像しやすく、共通した画像がクラスの子どもたちの上に浮かんでいる感じです。

「共通性がありイメージが膨らみやすい素材」を使うと、内容ではなく、話す素材と話し方によって、子どもたちから笑い声を起こす話をすることができるのです。

他には「エレベーター」。これは「ふすま」と同じ要素がありますね。開くときのドキドキ感、誰が乗っているかわからない。だから、子どもたちは共通したワクワク感、ドキドキ感を味わえます。

それから「赤ちゃん」。「は？」と思われるかもしれませんが、「赤ちゃん」は一瞬で「弱い存在」という共通イメージがわきます。例えば赤ちゃんが出てくる話で、「赤ちゃんが〝どういたしまして〟って言ったら驚くよね」と言うだけでそのギャップに面白さが生まれます。

唐突な例のようですが、要は**「ギャップ」を生むモノや存在もつかえます。**子どもたちの、共通して思い浮かべるであろうイメージ、そしてそのイメージを良い意味で裏切るギャップをうまく利用して、盛り上がる話の展開をつくってみましょう。

ONE POINT

イメージを膨らませる「言葉」を意識して集めてみよう。

笑いを生む要素①
ちょっと多めの繰り返し

▼いきなり実践場面をご覧ください

教　師：そのとき、靴音が遠くから響いてきたわけ。
　コツ、コツ、コツ。

（子どもたちを見回す）

コツコツ、コツコツ、コツコツコツ。

（子どもたちを見回す）

コツコツコツコツコツ、コツコツ……。

子ども：**先生！**

教　師：え?!（白々しく）

子ども：どれだけやねん！

（関西の子はこの辺で〝ツッコミ〟が入ります）

教　師：ごめんごめん。とっくに通り過ぎてるわな。

（関西弁のやりとりを思い描きながら読んでいただけましたか？）

教　師：では気を取り直して……。えっとどこからだったっけ？

子ども：まだどこにもなってへん。

教　師：そうか。まだ歩いてきたところやったな。

まとめます（笑）。**「ちょっと多めの繰り返し」によって、子どもたちに突っ込ませる、**これが「プチ笑い」を生むワザの一つです。

ONE POINT

〝ほどほど〟の概念を少し逸脱することで笑いを生む。

CHAPTER 4
07

笑いを生む要素②
盛り上がる「話題」と「ツッコミ」

▼盛り上がる「話題」は〝オープンクエスチョン〟

話し方云々ではなく盛り上がる「話題」というものがあります。それをいくつか持っておき、「話題」を子どもたちに投げかけて、後はその「話題」が持つパワーに〝仕事〟をさせます。

私が最近子どもたちに振った話題は、「私の癒されるモノ」。相手は担任していた六年生です。子どもたちからは様々な「癒されるモノ」が出されました。

魅力的な「話題」とは、子どもたちから様々な返答が引き出せる話題のことで、それらは「オープンクエスチョン」なわけですね。よって、答えは千差万別。そこが面白いのです。

【盛り上がるオープンクエスチョン】

『私の癒されるモノ』

『私の好きな言葉』

『私の好きな場所』

『お風呂で何を考えているのか？』

『好きな食べ物は？』

『将来何になりたい？』『小さい頃何になりたかった？』

『新しい漢字、つくるとしたら？』

『好きな本を紹介して！』

『今まで自分が言った一番格好いいセリフ』

『もし童話の主人公になれるならどの話にする？』

『あなたの格言、教えてください』


これらはもう想像しただけで楽しい。

子どもたちの面白〝珍〟回答に周りの友だちや私が「ツッコミ」を入れている教室の様子が浮かんできて、ほくそ笑んでしまいます(笑)。

このようなオープンクエスチョンでものを言うのが「ツッコミ」です。

▼ツッコミ力がものを言う

子どもたちの答えに適度に短くツッコミを入れていきます。
先の話題、『私の癒されるモノ』の場合の実際のやりとりです……。
子ども「飼っている犬」　↑　先生もそう！　わかる！
子ども「寝ること！」　↑　何歳やねん。
子ども「ゲーム！」　↑　君はそう言うと思ったよ！
子ども「キムチ！」　↑　は?!　あの刺激物の？　濃い癒しやなあ。
子ども「えっと……、癒しは……ちょっと……」
↑　君は「癒し」というより、「自家発電」やからなあ。
自分やな。（教室爆笑）

子どものキャラクターに合わせてツッコミを入れていきます。
〝いじれる子〟にはちょっとした毒をもって突っ込む。
繊細な子のコメントには復唱するにとどめる。
コメントがない子には教師がつくる。

▼「ツッコミ」は「経験」と「気づき」がつくる

子どものキャラクターに合わせて当意即妙に「ツッコミ」を入れていくには、まずは何度も何度も経験を積むことです。「話させて、突っ込む場」の積み重ねです。

そして、絶妙なツッコミを入れるためには、クラスの子どもたちのキャラクターを掴んでおかなければなりません。クラス全体のノリの様子や雰囲気も感じておかなければなりません。

そのためには**「気づき」の回数を増やすこと**です。

きれいごとを言うようですが、やはり**教師が子ども相手に発せられる言葉の数々は、常に「子ども理解」の上に成り立っている**のです。

真摯な態度で子どもと向き合う。そのことで子ども一人ひとりのキャラクターを自分の体の中に染み込ませる。

これを日々のベースにして、その上に「話し方」「ツッコミ方」「話題」をのせていくのです。

ONE POINT

「話題」と「ツッコミ」を成立させる「日常の気づき」。これらはセット!

CHAPTER 4
08

笑いを生む要素③ イニシャル

▼いつでもどこでも「イニシャル」

子どもたちに喜ばれている私の話に、「妖怪探偵団」の話があります。その話の番外編として「探偵バッジ」の話があるのですが、その探偵バッジに書かれているイニシャルでとっても話が盛り上がるのです。

バッジには「Y＝ようかい・T＝たんていだん」と書かれています。

それを探偵団の仲間がどんどん読み間違えていく、という展開です。

「Y＝よく　T＝食べよう」　↑違う集団になってる！

「Y＝よ～い　T＝トーン！」　↑意味不明や！　言うならドーンやし！

「Y＝よし　T＝とうちゃく！」　↑どこに？！

「Y＝夜になったら　T＝停電？」　↑不便や！　妖怪、関係なくなってるやん！

「Y＝やめて！　T＝トマトは」　↑好き嫌いかい！

子どもたちにも「どんな間違いがあったかと思う？」などと聞きながら話を進めると、どんどんヘンテコな解釈が出てきて教室は爆笑となります。

どのような展開でも「イニシャル」という様々に読み替えられる素材はつかえます。「ヘンテコ読み」に「ツッコミ」をプラスして、教室を爆笑に包まれる空間にしましょう！

ONE POINT

〝イニシャルトーク〟で盛り上がろう！

CHAPTER 4
09

「ウケない」ことへの対処法

▼焦らない

子どもたちをゆっくりと眺め、視線を配りながら細部にわたるまで描写し、話をだんだんと進めていく。

慣れてくると、あの子はこういう反応をしているな、とかこの子はまだ表情が硬いな、ということを確認しながら話を進めていけるようになります。

話の上手な人は「焦りません」。または実は焦っていても、「焦っている素振りは出しません」。

ウケを焦らない。急がない。

堂々と話すのです。

焦ったときほど、間《ま》を取って、ゆっくりと話す。

私は現在、各地でセミナーの講師をさせていただくようになりましたが、最初にこの「ウケない」ということに足を引っ張られた経験があります。

自分が想定していた反応が会場から起きないのです。そのときに私は焦ってしまいました。何とか笑わせなければならない、何とか共感を得なければならない……。しかしそれを思いすぎると逆効果なのです。その思いは出していないつもりでも、不思議と滲み出てきてしまうのです。

焦っているオーラが会場（聞いている人たち）まで流れ出ていく感じです。そうしてますます会場との距離ができてしまう……。悪循環です。

私は何度も〝実践〟でのこの経験をして悟りました。

話を教室に戻します。幸い私たちは、毎日毎日教室に通い、子どもたちに話をします。失敗したっていいのです（子どもたちには目をつぶってもらいましょう。笑）。

堂々と話せる自分をつくるには〝実践〟あるのみです。

「笑いや共感の好反応を得ようとしない」ことを意識しての実践あるのみ。

この本を読んで心構えをつくったら、実践あるのみです。

ONE POINT

常に堂々と、ゆっくりと話す自分を意識して話し始める。

CHAPTER

5

子どもが教師を大好きになるおしゃべりの技

CHAPTER 5

01

子どもが「聞きたい！」と思える存在になる

▼子どもにとっての自分の存在は

「何を話すか」ではなく、「誰が話すか」とはよく言われることです。

そもそも先生のことを嫌いであったり、先生のことを信頼していなかったりすれば話を聞こう、とはなりません。

ただ本項は「子どもに好かれる先生になろう」という話ではありません。子どもに「好かれよう」というのとは少し発想が違います。

ここで特に言いたいのは、**子どもにとって価値のあることを発信できる存在でありたい**、ということです。

そういう人の話を子どもは聞きます。

先生の口を通して出てくる話は価値があることだ、そのように自然と思う。自然と体が先生の方に向く。

ここを目指して私たち教師は教壇に立ちたいものです。

▼「聞きたい！」と思われる存在になるために……

季節の話をします。
哲学の話をします。
映画の話をします。
飼い犬の話をします。
作者のことについて突っ込んだ話をします。
「これが本物です！」と言って実物を見せながら話します。
絵本を読んであげます。
紙芝居を披露します。
時には話しません。
日本のことについて詳しい。
言葉にこだわっている。
子どもの言葉を〝スルー〟しない。
ヒステリックにならない。
ちゃんと理由づけて話す。

笑顔で話す。

数え上げればずっと続きますが、こうした話の内容、話しぶりの積み重ねが「先生の話、聞こうかな」「聞きたい！」という姿勢を育むのです。

いきなり「聞きたい！」を構築することはできません。

毎日毎日意識して教壇に立っているかどうかで決まるのです。

ONE POINT

「〝教師然〟とした話」だけをする先生は聞いてもらえない。

CHAPTER 5
02

「希望」を語ろう！「夢」を語ろう！

▼子どもたちに〝光〟を与える存在として

子どもたちの前に立つ教師として、話し手として、私たちは明るい話をしなければなりません。

「希望」を語らないと。
「夢」を語らないと。
「未来」を語らないと。

教師という存在は、子どもたちに未来を明るいものだと思わせる存在であるべきです。そのためにも前向きな言葉、素敵な未来を話す内容の柱としましょう。

できる。大丈夫。何とかなる。良くなってきた。いい感じ。前向きだなあ。きっといいことあるよ。笑おう。最高！素晴らしい！やったねえ！成功すると思っていたよ。さすがだ。その通り！〈指でバッチリサイン〉気にしない、気にしない。

大当たり！　最強！　エクセレント！　そうくるとは考えもしなかった。予想を良い意味で裏切ってくれるねえ。あなたの顔を見ていると元気になる。また挑戦しようとしているでしょ。ほどほどでもいいよ。あなたの思うとおりにやりなさい。精一杯出し尽くしたね。エネルギー満タン！　スーパーなプレーやな。尊敬に値する。ありがとう。嬉しいよ。幸せだなあ。ラッキー！　チャンスがやってきた！

まずはこうした「素敵な言葉のパーツ」をいつもポケットに入れて持ち歩いていましょう。おっと、溢れそうですが……。

そしてクラスが様々な局面に遭遇したときに、常にそのときに考え得る言葉を精一杯の言葉で子どもたちに伝えましょう。あなたの誠意、熱意は必ず子どもたちに伝わります。

「今日の君たちの様子を見ていたら、きっと三学期にはこういう風になっていると思う」と【希望】を語るのです。

「先生はなあ、君たちが小学校を卒業した後に『書くよ。いくらでも』と書くことに対して強い自信を持って生きていけることを夢見てるんや。だから今日からいっぱい書こう」と【夢】を語るのです。

「君たちが将来の日本をつくっていくんや。自分がやりたいこと、なりたいもの、したいことを見つけて、充実した人生を送ってほしい」と【未来】を語るのです。

教師の口をついて出てくる言葉は子どもたちを時には激励し、時には勇気づけ、時には奮い立たせるものでなくてはならないのです。

またそういう教師に、子どもたちはついていきたくなるものなのです。

つくづく素敵な仕事ですね。教師は。

ONE POINT

言葉の軸を「ポジティブ」に！

CHAPTER 5

03

「言葉」は「生き方」

▼「ありがとう」「ごめんなさい」「ごくろうさま」

「ありがとう」と言えていますか。
「ごめんなさい」と言えていますか。
「ごくろうさま」と言えていますか。
これ、言えない人が実はとても多いのです。
子どもにも大人にも同じことです。
教師が子どもへ。
上司が部下へ。
これが苦手な人が多い。
子どもにきちんとお礼を言わせる。
目上の人に「ありがとうございます」と言う。
これらはハードルが低いのです。

しかし、その逆はハードルが高い。

私は**「しまった」と思えば子どもたちにすぐに「ごめん。悪かった」と謝ります。**

一部の子への指導で周りの子が気分を悪くしたと思えば、「ありがとう。聞いてくれて」と言います。

掃除を一生懸命している子どもたちには「ごくろうさま。君たちのおかげできれいになりそうや」と声をかけます。

係だから当たり前だ、という発想はそこにはありません。

▼大人も子どもも関係ない

大人相手に関しても同じです。

私は年齢に関係なく「ありがとう」や「ごめんなさい」を言うようにしています。

私は過去の勤務校で上司に「ありがとう」や「ごくろうさま」と言われたことはほとんどありません(言われなくてもよいことは色々と言われましたが……)。

逆に上司に「ありがとう」「ごくろうさま」と言われるととても嬉しいものです。上司からの思わぬねぎらいの言葉、感謝の言葉。

そういうときは疲れも吹っ飛びます。

その上司に惚れます（笑）。

子どもと同じなのです。

しかし、なぜか言える人って少ない。

おそらく現状に満足していない、常に不満や不安を抱えているからだと思います。

毎日が充実していないのでしょう。

そういうことを私は駆け出しの頃からたくさん学ぶことができたのは、今から思えば幸せでした。

こうすれば部下は育たない。

こうすれば部下のモチベーションが下がる。

こうすれば部下は潰れる。

肝心なところで声をかけない。

これらに大きく関わっているのが、先の「ありがとう」などのちょっとした声かけなのです。

これらを実体験として学んできました。

今、その逆をすれば良いのです。

「ありがとう」「ごめんなさい」「ごくろうさま」。
言える人が少ないからこそ、言えばそれだけで突き抜けられます。
それだけで魅力的です。
心根のしっかりとした人だな、と思われます。
やはり**「言葉」は意識**なのです。
言葉は「生き方」なのです。

ONE POINT

「感謝」や「ねぎらいの気持ち」はきちんと言葉に出す。

CHAPTER 5

04

聞き手の反応により「ライトを切り替える」

▼話しながら見回すのは……

「話をしながら視線を配れ」と言われます。

子どもたちにもそのように話をすると思います。

それには「聞き手の反応を見る」という目的が含まれています。

私たち教師は話しながら意外に子どもの目を見ていません。何となく漠然と見回していることが多いのです。

しっかりと見つめる必要はありませんが、子どもたちの聞いている表情を一通り見回すことで話にのっているのか、あまり集中できていないのかを感じることができます。

▼〝反応〟にどう対処するか

まず気をつけなければならないのは、〝反応〟に〝過剰反応〟しすぎることです。最初から矛盾することを言うようですが、次のようなことです。

終わりの会のとき。いつも気になっている支援が必要なAちゃんが自分（教師）が話しているのに、せっせと帰る用意をしている。ランドセルに荷物を詰めている。

このような場合、教師としては気になりますよね。そして注意したい（笑）！

しかし、気をつけなければなりません。

もしこのとき、他の子の様子がほぼ教師に注意を向けて静かに聞いていたとしたら、その子に注意すべきではありません。その子に注意することで、その子が反発、ないし機嫌が悪くなったら、それをまた教師が注意することになり……教室の空気が悪くなって他の子のモチベーションまで下がってしまうからです。

私もこれで何度も後悔しています。

この判断が難しいのです。

教師としてきちんと押さえておきたい。他の子への示しもつかないし。でも……。

こういうとき、ありますよね
こういうときは流します。わかっていて流す。

教師はスポットライトと、全体照明の両方を使い分けなければなりません。舞台の照明担当の方がパッパと切り替えるようにです。

逆に数名、話の聞き方が微妙な子がいて、その子にスポットを当てて注意しても、全体の空気を壊さない、むしろその子に注意することで全体にも注意を喚起する。そのようなときは声をかける。

これは、**聞き手の反応を時々俯瞰していなければできない**ことです。

話しながら右から左、左から右へと子どもたちに視線を配り、〝ライトの切り替え〟の判断をしながら話すのです。

ONE POINT

「スモールステップと評価。その中に思考」の繰り返しで良い空気感を生み出そう。

CHAPTER 5
05

立ち止まる——〝次の〟声かけをどうするか？

▼目の前で立ち止まる

子どもがはりきって掃除をしていたり、何か奉仕活動をしていたりするときに、教師として言ってはいけないことがあります。

それはその行為をスルーして、次の指示を出してしまうことです。

例えば、日頃掃除をさぼってばかりのA君がいたとします。しかし、その日は珍しく（笑）掃除をしていました。そこへ担任の先生登場。A君を見ると……ここからが子どもへの対応に差が出る分岐点です。

北風先生はA君の掃除の仕方に注目しました。
太陽先生はA君が掃除をしていること〝自体〟に注目しました。

北風先生は「そのゴミ、早くちりとりで取らないと散ってしまうぞ」と声をかけました。

太陽先生は「お、掃除頑張っているなあ。感心感心！」と声をかけました。

この後A君が気持ちよく勉強に入っていけるのはどちらの先生の声かけか。もう明白ですね。ここでは一旦立ち止まって、「掃除していること自体」を褒めるべきなのです。それがA君への対応です。それが、A君のことを良く知っている担任の先生だけができる対応なのです。A君は「日頃掃除をさぼってばかり」だったのですから。

ここで褒めて、認めてあげるからまた掃除をする気になるのです。

その子のできていることをまずは一旦立ち止まってきちんと褒めてあげる。それが大切です。

我々教師はつい〝次のこと〟に目がいってしまうのですが、**一つひとつの成長に立ち止まれる心の余裕を持ちたい**ですね。意識の準備をしておきたいですね。

ONE POINT

担任（担当）の先生だけができる「話し方」がある。

CHAPTER 5

06

子どもたちに意図的に投げかける「フレーズ」

▼投げかける「言葉」を意識する

子どもたちと何気ない会話をするときとは違って、子どもたちに意図的に投げかける「フレーズ」があります。その一端を紹介します。

「誰でも間違える」

意図的に、でもさり気なく何度も口にします。

「うまく書ける必要はない」

「作文指導」のときに。ちなみに「書き方」をきちんと教えた後に言う言葉。

「たぶん不安だと思うけれど」

何かに挑戦する子どもに、あえて教師が先に口に出して予防線を張ってあげる言葉。

「聞いてくれてありがとう」

聞くのが当たり前と思わないで、真剣に聞けたときに子どもたちにありがとうと言う。また、一人の子を全体の前で叱ったときに周りの子に対して言う。

「確かに成長している」

叱っているときに挿入するフレーズ。認めつつも、きちんと叱る、というイメージ。それと、叱ってばかりいることで、その子への周りの子の態度が変わってくるといけないので、その子の立ち位置をきちんと確保しておくためにも周りに聞こえるように言って、フォローする。

「○○君が今どれだけ不安か想像つくよな」

失敗してもそれを馬鹿にするような態度や発言は許さない、ということを暗に示し、〝いらぬ言動〟を封じるため。

これらの「フレーズ」は、〝覚えてつかおう！〟という意味ではありません。しかし、私はこういう言葉をさりげなく口にして子どもたちの不安や気持ちを楽にしたり、特定の子を守ったりするよう気をつけています。
本項の話は「フレーズ」の話ではないかもしれません。
子どもたちへの担任の先生の「配慮」の話です。
教師の「意識」の話です。

もっと言えば教師の「生き方」の話です。

教師の口をついて出る「言葉」はその人の「生き方」が如実に表れてくるのです。

ONE POINT

「言葉」は「生き方」。「生き方」を変えて「言葉」を変えよう！

CHAPTER 5

07

「話し上手」は「聞き上手」？

▼真の「話し上手」になるために

「話し上手は聞き上手」という言葉があります。

この言葉には〝真の〟が付くのです。

「〝真の〟話し上手は聞き上手」が正しいのだと思います。

「〝一見〟話し上手に見える」という人がいます。

それは多くの笑い声が起こっているとか、噛まずに流暢に話せるとか、たくさん話題を持っているとか、そういう理由でそう思われます。

しかし、このような人はやはり「一見」なのです。

このような人が「聞き上手」かといえば、そうではない場合が多い。

自分の話しか興味がなくて、人の話は上の空という人です。

そういう人には「二回目」がなくなります。誰もまた聞きたいとは思わないからです。

人のことを引き合いに出してバカにしたような笑いを取る人もいます。

笑いが取れれば何でもいい、という考え方です。相手意識はそこにありません。

こういう人の学級経営の様子が目に見えてきそうです。

「このギャグどうですか！」といったような意味のない笑いを取る必要もありません。そもそも「ギャグ」はいりません。

やはり次を聞きたいとは思いません。知性が感じられないからです。
・人をバカ笑いの種にしない
・ギャグのためのギャグはいらない
・とめどなく話さない
こういうことができる人が、しっかりと落ち着いて相手の話を聞くことができるのです。

「聞き上手」になるには、まず「心根」を鍛えることからです。

ONE POINT

「聞き上手」になるためには、まず技法ではなく、心を鍛えよう！

CHAPTER 5

08

「NG!」な聞き方

▼答えを出さない

何でもすぐに答えを出そうとする聞き方はNGです。
それは言い方に表れます。

「そりゃそうだよ」
「決まってるやん」
「～にしないと」

こういう言葉を「相づち」の代わりのように使う人がいます。
相手はまず聞いてほしいのです。
特に男性は答えを出そうとするみたいですね。
逆に女性はまずとにかく聞いてほしい。

話が逸れそうですが（笑）、子どもたちの「～かなあ」「最近～があって……」という相談にはまずしっかりと聞いてあげること。

すぐに〝指導〟を入れてはいけません。

話し始めて早々に「指導」や「意見」を言ってしまうことで、「本当の相談」が聞こえてこなくなる危険性もあります。

子どもたちが相談に来るとき、最初からズバッと核心を突いた相談を持ちかけてくる子もいれば、そうではない子も多いものです。

話しながら次第に本当に先生に聞いてほしいことに近づいていく……そのように少しずつ話している子に対して、早々に口を挾むのは御法度です。

教師の方がまずは落ち着いて聞く。

それに、すぐに回答を言おうとする人の話は疲れます。

断定的な答えがすぐに返ってきて嬉しくないときもあるのです。

まずはじっくりと聞く。

それだけで七割は解決しています。その後「先生はこう思うんだけど……」と話し始めます。

高学年の女子は「女性」です。

そそっかしい相談相手は嫌われます。
勢いだけの相談相手には話さなくなります。
「話し方」が大事であると共に、「聞き方」も非常に大切なのです。

ONE POINT

あなたの「聞き方」は子どもにバッチリ見られている。

CHAPTER

6

授業でクラス全員を一瞬で引き込む話し方

CHAPTER 6
01

授業では「言葉足らず」になれ！

▼〝絶妙な〟言葉足らずになる

「何て言うか」ではなく、「どう言わないか」を考えていくのが授業です。

教師が「言葉足らず」状態で、子どもたちが「補う」という関係です。

ここで言う「言葉足らず」にもう少し加えると、「〝絶妙な〟言葉足らず」です。

授業の上手な先生はそれがうまいのです。

次に繋げて子どもたちが言いたくなるように絶妙な〝枯渇感〟を演出します。

教師はあまりしゃべらずに、子どもたちが「ついしゃべってしまう」状態に持っていくのです。

国語の物語文の学習では「あれ？　この描写どこかで……？」ととぼけて大造じいさんの気持ちを表す描写がまだある、ということに気づかせます。

説明文の学習では「あれ？　最後の段落のこの文章、そういえばどこかで……？」ととぼけて、最初にも同じ文（主張）があることを発見させ、双括型に話を持っていきます。

教師が「上手な言葉足らず」になれば、子どもの思考は大いに促されます。

▼究極の言葉足らずとは？

究極の言葉足らずとはどのような状態でしょうか。それは、「言葉を全く発しない」という状態です。これは「話し方」というよりも「授業づくり」「授業の進め方」に関することですが、極力いらぬ言葉は排除すべきです。

例えばいちいち名前を呼んでいく方が良い場合と、子どもたちの席の間に入って、前から後ろへと順番に発表させる子の横へ移動していく、という場合もあります。「次」と言うだけで良い場合もあります。

また、体育では極力言葉を削ぎ落とし、ジェスチャーだけで指示することもあります。

教師の口（声）を挟まないことでスッキリと進んでいく場面は、意外に多いものなのです。

ONE POINT

自分（教師）の「声」がどこまで必要かを考えて授業する。

CHAPTER 6

02

「言葉」には妥協しない

▼「語彙」を増やさせる

私は特に高学年では、「言葉」をあえて選ばずに話します。

正確に言うと、あえて「大人の言葉」を残して話すということです。

もっと突き詰めて言うと、「子どもたちにつかってほしい言葉は自分もつかう」ということです。

「語彙」を増やさせるのです。子どもたちは多くの言葉を持っているわけではありません。そこで、学校では意図的にたくさんの「言葉」に出合わせていかなければならないのです。授業場面でいうと、「今の意見はどの〈観点〉に〈カテゴライズ〉されますか？」などと言います。

「言い換え」も場面に応じて行います。「この場合、〈意外性〉という言葉で表すことができるんだ」と言いながら「意外性」と板書します。

このように**「言葉」を、相手が子どもだからと妥協してつかうのではなく、子ども**

だからこそ、妥協しないのです。

▼「授業でつかえる言葉」の数

「大人の言葉」をあえてつかうことで「語彙」が増える。それに伴って良いのは、「授業でつかえる言葉の数が増える」ということです。

私は三学期の子どもたちの授業の様子を〝妄想〟しながら四月をスタートするのですが、その妄想の中では子どもたちが場合に応じた様々な言葉をつかい分けて自分たちで話し合いをしている姿が浮かんでいます。

先述のように「言葉」にこだわり続けることで、子どもたちが少しずつ「授業でつかえる言葉」を持ち始めます。それは本当に少しずつですが、子どもたちがこの先自分の考えをうまく表現したり、人の考えを受け取ったりするときに必ず役に立つことです。

「言葉」には妥協しないのです。

ONE POINT

「お、言葉来た！」というアンテナをいつも持つ。

CHAPTER 6

03

授業中につかいすぎてはいけない言葉とは？

▼子どもたちの好きそうな「キラーフレーズ」にご注意を

「宝物」「裏技」「先生を実験台にして」……これらは子どもたちがノッてくる「キラーフレーズ」です。そしてこれらは実際に私が授業を参観しているときに授業者の先生がつかっていた言葉です。これらの言葉をつかうことがいけない、という話ではありません。

〝連発しない〟ということです。これらの言葉を幾度か授業の中でつかうと、そのときは盛り上がります。しかし、〝何で〟盛り上がっているかが大切です。子どもたちはもしかしたらその時々の、「キラーフレーズ」に色めき立っているだけなのかもしれません。

▼つかうべきときもある

あえてつかうときもあります。例えば校内で「ネイチャーゲーム」をする、というような場合です。「この中庭には季節の〝宝物〟がたくさん隠れています。さあ、探し出せるかな」というように活動の前に説明することがあります。

この場合、あえて「宝物」というようなキラーフレーズをつかうことで、実際に見つけ出させたい自然の中のアイテムや生き物を浮き立たせているのです。

▼どのような状況か

私たち教師は、子どもたちを〝ノセたい〟生き物です。ですから、自然と子どもたちが喜んだり、盛り上がったりするような言葉をつかっているかもしれません。「キラーフレーズ」をあえてつかうこともありますが、大切なのは今どのような状況かを見極めることです。しっとりと盛り上がっていく授業もあります。そういうときは言葉を選び、言葉を一つひとつ大切にしながらつかっていく意識が大切です。

ONE POINT

「言葉」の持つ力は侮れない。意識してつかおう。

CHAPTER 6

04

ワンクッションもツークッションも置いてみる

▼一工夫入れて紹介する

いきなりですが、夜中にテレビショッピングを見ていたときのことです。思わず最後まで見てしまったのですが、そのときの「値段までの持っていき方」が驚くべき巧みさでした。再現してみます。

① ではこの商品。普通これだけのクオリティーならば、7万、8万いやそれ以上するところですが！
② 5万切ります！
③ ……じゃないんです！
④ お正月初売りだからこそ！
⑤ 3万9800円！
⑥ ここから5000円引き！

⑦ ……じゃないんです！

⑧ 1万円引きで！（ここまでで最高の高音で）

⑨ 2万9800円！（ボルテージ最高潮！）

どうです？　もはや芸術的でしょう？（笑）　ちなみにこの商品は財布です。

ではこれを身も蓋もない言い方に変えてみましょう。

① ではこの商品。

② 2万9800円！

はや！

もはやこんなの、テレビショッピングじゃない！

ここで私は「テレビショッピングってやっぱりすごい！」ということを言いたいわけではありません。

この展開、授業での話し方に生かせるのです。

「これ」というものを出す前に、ワンクッション置く。

場合によってはツークッション、スリークッション置いたっていい。

例えば社会科で実物を用意したとき、それを先の良くない例のように身も蓋もない出し方をしていないか、ということです。

例えば、国語科で鳥獣戯画のミニ巻物を見せるとき。白手袋をして取り出したいですよねえ。そして最初は鳥獣戯画グッズを色々と出して置いてから、とどめのようにミニ巻物を出す。

例えば、旅のエピソードを語るとき。

ここぞというときに、とっておきの写真をどう提示するか。

別に先ほどのテレビショッピングのように⑨段階に分けて出そうというのではありません。

あえて規模の小さいモノを見せてから、その後に大きな実物を出す。

クイズ形式にして「正解は……◯◯です！　……ではなくて、これです！」と実物を出す。

ためてためて……、
もったいぶってもったいぶって……、
じらしてじらして……、

やっとゴールにたどり着くような話し方も、たまには有効です。

余談ですが、こうした「実物」を探しにいくのは楽しいですね。

探しにいき、見つけたときの嬉しさと、これをどう授業でつかうか、どう子どもたちに見せるかを考えているときのワクワク感。

そのワクワク感を実物に添えて提示する……。

小さなサプライズのような時間となれば素敵ですね。

ONE POINT
もったいぶることが有効！

CHAPTER 6

05

授業中、〇〇〇になってはいけない

▼授業中の教師の立ち位置は？

ずばり表題の〇〇〇には何が入るでしょうか？

それは、**「伝え役」**です。

授業中、教師は「伝え役」になってはいけないのです。しかしよく考えてみてください。

ある子が授業中に発表をしました。そのときに声が小さかったからといって、教師が言い直していませんか？

「聞こえていた？」と言いながら、教師がその子の発言を繰り返していませんか？

子どもの言葉をそのまま右から左へと伝えるのに技術はいりません。極端な話、道を歩いている人を引っ張ってきてもできることです。

これは親切ではありません。ましてや指導ではありません。

しかし、このようなことを結構やっているのです。

教師は授業中、右から左へと発言の「伝え役」になるのではなく、発言を聞いていたかクラス全体の様子を観察したり、特定の子を指名して再話させたり、続きを言わせたりするのが仕事です。


「今の何て言ったか、言える人？」

「そこでちょっとストップ。続きが言えそうな人？」

「今の意見、半分ぐらいちょっとわからないのでは？ 正直に手を挙げてごらん」

「今の意見と同じだと言う人、手を挙げて」

「今の意見を別の言葉で言い表せる人いますか？」

「今の意見の理解度をパーセントで表すと？」


ある子の発言に対し、同じことを繰り返して周りに伝えるのではなく、**子どもたちに浸透しているか確認したり、浸透させるため仕掛けたりする**、これが教師の立ち位置であり、仕事です。

▼発言を〝加工〟しない

子どもの発言をうまく都合の良いように（教師が用意していた言葉や展開に寄せて）〝ちょっぴり加工〟して返すのも避けたいものです。あまりに加工し続けると、子どもたちが自分たちの発言に価値を見い出せなくなります。

どうせ先生が体裁良くまとめるから、と。

発言はできるだけ加工せず、子どもの発言を生かした形で板書しましょう。**変えるにしても〝変える過程〟をきちんと子どもたちと共有した上で**言葉の変更を行いましょう。

例えば「今の発言を端的に言うと漢字二文字で言えます。何と言うでしょうか？」こうしてその場で言葉を教えていく。これは、子どもの発言を都合良く変えているのとは全く違います。

教師が伝え役になったり、教師が発言を加工したりすると、子どもが思考しなくなります。考えなくなるのです。

これは恐ろしいことです。

ONE POINT

授業中に教室の〝時計の位置〟から自分を見るつもりで。

CHAPTER 6

06

反応しない?!

▼反応しないのが一番の反応?

授業の中で流暢に話せるに越したことはないのですが、それは時として命取りになることもあります。

授業中、実は「反応しないことが一番の反応」という場面は多いのです。

正確には〝いきなり〟反応しない、でしょうか。

子どもたちの意見に色めき立って反応してしまう気持ちはわかります。

しかし、**教師の反応が良すぎると、子どもたちは「仲間」に意識を向けることはありません。**

友だちが意見を言っても、常に教師の反応を見るようになります。

もちろん意図的に反応して、教師側に視線を集めて意見を出させていくときもあります。しかし、いつもそうではありません。

「ここぞ!」というときは「**あえて反応しない**」のが一番です。

教師が反応しないから、他の子が発表した子に反応するのです。

教師が反応しないから、教師は周りの子から出てきた呟きや感嘆詞が拾えるのです。

これが「反応しないこと」が「一番の反応」の意味です。

▼反応の順序

反応に順番を付けるとしたら次のようになります。
①子どもの発言
②仲間の反応
③その反応への他の子の反応
④教師の反応(というか整理)
これが理想的です。

もっと言えば、④をとばして「⑤子どもが繋げる意見を述べる」です。

意見が混乱したら教師の登場です。

誤解のないようにここで付け足しますが、本項で話してきたのは、「教師が話さないことがベスト」という意味ではありません。

やみくもに子どもに委ねる、のとは違います。それは〝放置〟です。

まずは、何も考えずにしてしまう〝浅はかなツッコミ〟を削除する。

そうすることで、子どもたちが友だちの意見を聞くときに、「常に教師を一旦経由して」という反応になってしまうことを避けましょう。

先生の「相づち一つ」が周りの子どもの貴重な「そうか！」をつぶしているかもしれないのです。

ONE POINT

「意図して話さない」授業を目指そう。

CHAPTER 6
07

言葉を削る

▼一度で聞き取れるか

授業中に教師が話す言葉は、考えられたものでなければなりません。

「無駄な言葉」は削っていく必要があります。

「無駄な言葉」とは、「言わなくてもいい言葉」です。

見分けるのは簡単。

授業の音声を活字に起こしてみて、「一度で聞き取れない言葉」はすべて無駄な言葉です。

聞いていて、すぐに復唱できる言葉は子どもたちにも届いています。

しかし、聞いている教師自身が一度で聞き取れないような言葉は、子どもたちに届いているはずはありません。

ましてやそれが発問であった場合、その**「一度で聞き取れないような発問」は、発問としては不適格**です。

「発問」はわかりやすくなければなりません。

「発問」は一度聞いて復唱できるものでなければなりません。

「発問」は教室の隅の子でも聞き取れる明瞭なものでなければなりません。

そういう意味で、テープ起こしをしている際に、何度も聞き返さなければならないような発問、教師の話は、〝削る対象〟とみてほぼ間違いありません。

わかりやすく再現性のある発問、作業指示で授業が展開されているか。その観点で授業をつくり、その観点で授業を振り返るのです。

▼鉋《かんな》で削るように

実際の場面で見てみましょう。

授業のテープ起こしをしていると、次のような教師の「作業指示」がありました。


「はい、では、え〜っと、教科書の……教科書。教科書出していない人がいるぞ。はい。教科書65ページ、真ん中の辺りの……10行目、10行目の〈機嫌が悪くなりました〉の所を見てください」

書いていてもゾッとしますが（笑）、このような話し方をしているときはありませんか？　ありますよね？　（これは、「テープ起こし」をしているからわかるのですが……やはり「起こし」は大切です！）

では、いらない部分を削ってみましょう。

次のようになります。

「~~はい、では、え〜っと、教科書の……教科書。教科書出していない人がいるぞ。はい。~~教科書65ページ、~~真ん中の辺りの……10行目、~~10行目~~の~~〈機嫌が悪くなりました〉~~の所を見てください~~」

ほとんど削れます。訂正して書き直すと、

「教科書65ページ、10行目。〈機嫌が悪くなりました〉を押さえます」

となります。

この作業を通して、「言葉を削る」という感覚を実感します。「の所を見てください」

をもっと削って言い方を変え、「押さえます」とするのです。

そう考え出すと、「言葉を削る」作業はまるで「鉋《かんな》で薄く薄く削いでいくイメージ」です。

そうしてできた「発問」は、何度繰り返しても変わりません。

ぶれない発問となるのです。

ONE POINT
職人気分で言葉を削ろう。

CHAPTER 6

08

3秒の沈黙

▼余計な言葉はいらない

沈黙をうまく操れるようになると、話し方のバリエーションが格段に増えます。教師はつい常に話している存在、になりがちですが、違います。

教師はしゃべらずに子どもに話をさせる。

ちょっと考える間《ま》を取るために話さない。

すぐに答えを言わないために話さない。

話そうとして止める。

実に様々なシチュエーションが考えられます。

例えば、授業での発問。実は「沈黙」が発問になるときも多いのです。

国語の時間。

説明文の学習で、文章構成を取り扱います。その際に、黒板に大きな枠を提示します。三つに分けられた四角の枠を提示する。

そして、クラス全体を見回し、「沈黙」。

これだけです。

そこでもう手を挙げる子が出てくるのです。その子に被せて、

「あ、もうこれだけで話せる人がいるんだ」

と切り出します。

私たち教師は**「話さない方が良い場面」でも話してしまっていることが多い**ものです。


余計な言葉はいらない。

余計な説明はいらない。

この授業は実際に私の授業場面ではよくあることです。

提示して、ニヤッと笑う。

この授業行為、結構私はやります。

「沈黙」をつくり、子どもたちに考えさせるのです。

教師の話しすぎ、は子どもたちに思考する時間を与えません。

すぐに動かない方が良いこともあるのです。

▼3秒の沈黙

授業中の教師の意図した「沈黙」は、さらに良い効果をもたらします。

それは**子どもの発言後の沈黙**です。

子どもを指名してその子が発言する。その後です。

私たちはすぐに反応してしまっていないでしょうか。

〝ゼロ秒反射〟は危険です。

ある子が発言し、その直後ゼロ秒で教師が、「それが三段落に書いてあるんだよね。よく気づいたなあ」と復唱してしまうのは危険です。

なぜなら、聞いている子たちは発表者の発言を聞かなくなるからです。

先生の言い直し、反復に依存してしまうのです。

無意識のうちに、「先生が言い直して発言が固定される」ことを待ってしまうのです。

そうなればとてもクラスでの「話し合い」などできません。

「話し合い」は仲間の意見を聞き合えるからこそ行える学習活動です。

その素地を、教師は悪気なく奪ってしまっていることになるのです。

怖いですね。

もちろん、すぐに反応してあげることが良い場合もあるでしょう。しかし、子どもたちに仲間の話を聞かせたいのなら、子どもたちに思考させたいのなら、教師はあえてほんの少しでも「間《ま》」を取るべきなのです。

「3秒の沈黙」です。

これをすることによって、さらに見えてくることがあります。

それは子どもの発言後の周りの子の〝かすかな〟反応です。

頷いている子がいる。

「ああ、そうか」と呟いている子がいる。

少し首を傾げている子がいる。

これらすべて、**3秒の沈黙があるからこそ見えてくるもの**なのです。

「沈黙」は、子どもの様子を運んでくるものでもあるのです。

ONE POINT

「沈黙」のつかい手になろう。

CHAPTER 6

09

授業中に話すのは子ども

▼自立した「学び手」を育むために

「話さない」というのは、授業の展開によっては〝究極の話し方〟なのかもしれません。

例えば一人の子が話す。

その子に全員が意識を向けていれば次に続く者が立ち、話し出す。

教師はそれを見守っている。

次に複数の子が言おうとしている。もしくは言おうと立った。

そこへ教師が発言を促す目くばせをする。

そのとき言えなかった子は、次に自然と立って話す。

他の子もその子が一回待った、ということを知っているからやみくもに立たない。

言おうとしない。

発言の最初には「付け足しで……」とか、「ちょっと反対なんですけれど……」といった方向性がわかる言葉を付けているので混乱して意見が伝わるということもない。

これはただの理想でしょうか。

時として教師の「合いの手」は「ノイズ」になってしまうことがあります。

逆に、教師の〝意見の捌き〟すらもどかしい……。これって素敵ですよね。

この状態は限りなく一〇〇パーセントに近い状態でクラスの子どもたち全員が授業にのめり込んでいるときに起こります。

なかなか難しいですが、理想を理想のままにしたくないものです。

私も子ども同士だけで展開される話し合いの場を「座談会」と呼んでできるだけ取り入れるようにしています。

子どもたちは〝自分たちが思う存分話せる状態〟を好みます。

教師は時として「沈黙」「話さない」を授業展開の中で一定時間つくり出し、子どもの発言に委ねてみたいものです。

そしてあえて混沌とした状態や、仲間全員でつくり上げているといった状態をクラスの中に誕生させ、自立した「学び手」を育む環境をサポートしていくのです。

ONE POINT

〝省エネ授業〟を目指そう！

CHAPTER 6

10

話し合いの上手なクラス担任はどこを見ているのか

▼大切なのは発表者ではなく……

結論から書きます。

話し合いが上手なクラス担任は発表者を見ていません。

周りの子を見ているのです。

発表している子は話しているので、本題から逸れようがありません（本人ですから）。

大切なのは「周り」です。

微反応を拾うために「周り」こそ見ておくのです。

子どもたちの中には、一旦手を挙げていて教師が板書してもう一度振り返ると、もう手を下げてしまっている子がいます。

こうした子を、うっかりすると気づかずにスルーしてしまいます。

手を挙げていたことさえ知らずに授業を終えることもあります。

発表者だけを見ていたのでは、やる気のある子を拾えません。

せっかく頑張って手を挙げていたので、そこは何としてもその子に振りたいところです。

さて、周りを見ており、発表者の子に反応する〝他の子〟を発見できれば、その子に振れます。その繰り返しが「話し合い」につながるのです。

「今、言いたいことができたでしょ？　それを立って発表すればいい。そして次に○○さんは、さっき言った内容を『付け足しますが……』と言って話し始めるんだ」と指導していきます。

子どもに話させたいときは、「話していない所」こそ意識しておくのです。

ONE POINT

発表者が話し始めたら視界は周りへずらそう！

CHAPTER 6
11

「ワークシート」と話し方

▼「一言」入れるパターン

教師がその時間に使う「ワークシート」を配って説明する――教育現場ではあまりにも当たり前になっている光景です。

しかし、「ワークシート」と「説明」の関係は驚くほど繊細です。

配るタイミング、話すタイミングがとても大切。

まず「ワークシート」を配ると、子どもたちは当然ワークシートを読む（見る）ことに夢中になり、教師の話は聞きません。

配って説明をいきなり始めても、子どもたちはほとんど聞いていません。読むだけでどんどん進めていける場合は良いのですが、基本は配る前にまず、一言入れます。

「今から配ります。名前を書いたら鉛筆を置いて待ちます」

この一言を入れれば全員が指示通りになるほど甘くはありません。しかし、この一言を入れるだけで、名前を書いて鉛筆を置いた〝一部の子〟を褒めることができ、**それをクラスに波及させることができる**のです。

何も指示せずに配れば、現れてほしい〝先頭集団〟の出現は当然ありません。最初からグチャグチャになります。

続きの話です。そろそろ名前を書き終わる子が現れ出しました。

全員が鉛筆を置いたことを確認して、「1をやります。最初に書く所に指を置きなさい。その（　）に数字を入れます。始め」とワークシート学習の開始です。

▼まず説明をするパターン

さて、話を配る前に戻しましょう。

別のパターンです。

まず全体の前でワークシートを大写しにし、説明をしてしまう、というやり方です。これなら、配った段階で子どもたちはどんどん書き進めていくことができますし、最初から質問が続出するということはありません。

この場合手元にワークシートがないため、教師の話に集中させることができます。

反面、ワークシートがないため、細かすぎる説明は逆に子どもたちに不安感を抱かせます。

配る前の説明は、配った後にさっと書き入れることができるようにシンプルなものが良いでしょう。

いずれのパターンにしても、両方の合わせ技にしても、クラスの子の様子を一番知っているのは担任（担当）の先生です。

ただ考えなしに配る、ということは避けましょう。考えなしにしたことが「ほころび」となり、後々響いてくるということは教室ではたくさんありますから。

ワークシートやプリントを配るときは、「なぜ今配るのか」「配ってどう話すのか」という「意識」がその配る前後に自分の頭の中で強烈に働いていなければならないのです。

ONE POINT

「ワークシート」を配る〝前後〟が大切！

CHAPTER

7

大人数を一瞬で引き込む話し方

CHAPTER 7

01

大人数相手に指導する際の話し方は？

――集団の処理速度を重視してスモールステップで話す

▼「箇条書き」で話すイメージを持つ

学年や二学年合同での体育指導など、大人数相手に指導するときに心がけるのは、「相手の処理速度」です。それは相手が子どもでも大人でも同じです。**一回の指示や話を、サッと理解できる情報量にする**ということです。

スモールステップで指導言を組み立てるのです。

「箇条書きで話す」というイメージです。

▼「組体操指導」での例

（全員がクラス男女一列ずつ、体育座りで話を聞いています。）

①：（両手で立ち上がるよう指示するジェスチャーと共に笛）〈ピッ〉

②：（静まりかえるのを待って）二人組。〈ピッ〉

③：向かい合います。〈ピッ〉

④：（子どもたちの動きが俊敏ではないのを見て取って）戻ります。〈ピッ〉
⑤：遅い。瞬間的に向かい合います。〈ピッ〉　↑評価
⑥：二倍早くなりました。　↑賞賛（評価）
⑦：次にフィニッシュです。〈ピピーーッ〉
⑧：（解除の笛を吹かずに）先生が笛を吹かないのには訳があります。↑思考
⑨：（倒立解除の笛）〈ピッ〉
⑩：考えて姿勢を修正した人がいます。立派です。　↑賞賛（評価）

これは体育以外の指導場面でも同じです。聞き手が瞬時に反応できる長さを意識して「箇条書き」のように話します。

▼「短い評価」を入れる

その際に同時に大事なのが、「短い評価を入れていく」ということです。ダメな場合は短くダメ出しをし、やり直しをさせます。そしてその後改善したらすかさず短く賞賛し、これまた評価します。上記の例で言えば⑤、⑥、⑩になります。

集団に向けての指導は、この繰り返しです。

▼思考させる

「ただ言われたことをしている」という状態になると、指導してもなかなか「質」は向上しません。そこで、全体に向けて「思考させる」場面を短く取りつつ進めます。

上記の例ならば、⑧になりますね。笛の意味を考えさせているのです。

大人数の指導で質を高めたいならば、「指示通り動く」という子どもたちの状態からいかに脱却できるか、ということです。

そのために**「思考する」「思考せざるを得ない」といった場面を短くても挿入していく**ことが大切です。

▼魔法の粉は「ユーモア」

体育祭の練習などで大勢を指導するとき、練習時間を緊張感だけで貫くのはオススメしません。

時折、緊張から子どもたちをフッと解き放ってあげる瞬間も必要です。

それは、ガチガチの緊張感だけの状態では、子どもたちが何か違和感を感じていてもそれを出すことができないからです。

例えば「ちょっとしんどいから休ませてほしいなあ……」「○○ちゃんの様子がおかしい」といったことを感じている子がいても、ずっと張り詰めた空気ではそれを教師側に出せないのです。それは危険です。事故にも繋がります。

そこでちょっとした「魔法の粉」を……。

それは「ユーモア」です。

ユーモアが入ってくると少しリラックスさせてまた心機一転！　という良いリズムをつくり出すことができます。

そうして全体の気持ちがギュッと指導者側に来ることを実感できます。ユーモアは、真顔で指示の中に意外な言葉を入れ込むとか、写真を急に撮って、「あまりにも（整列が）美しいから撮影してしまった」と言う……などなどちょっとした〝意外感〟を演出することでつくり出せます。

ONE POINT

「スモールステップと評価。その中に思考」の繰り返しで良い空気感を生み出そう！

CHAPTER 7
02

早いうちに聞き手と「同化」する

▼同じ側に立つ

大勢の聞き手を引きつける大切な要素があります。

それは、**「早いうちに聞き手と〝同化〟する」**ということです。

ここ数年、各地で講演やセミナーをさせていただく機会に恵まれています。その際、話の冒頭で心がけているのは、**聞いてくださっている大勢の方が共感できるようなシーン、内容から入る**ということです。

例えばクラスの子どもの写真から入ります。

クラスの子どもが作った物の写真から入ります。

講演当日や前日にあった子どもとのエピソードから入ります。

「休みの日にもかかわらず、今日ここに集う先生方は日本一の集団です！」から入ります（笑）。

いずれも先生方の共感や、ちょっとした笑いを呼びます。

そして私も一緒に微笑んだり、笑ったり。

それが「同化」です。

会場の聞き手の方たちと一緒に笑うことができれば、かなりの同化率が期待できます。

「同化」できれば、一気に会場は自分のフィールドになります。

「同化する」というのは、気持ちの面で「同じ側に立つ」ということなのです。

▼大勢の子に話す

これは子ども相手でも同じです。

学年集会、全校朝礼、子ども会での説明、キャンプ……。クラス単位以上の子どもたちに話す機会はたくさんあると思います。

そこでの話は、まず冒頭で子どもたちを〝こちら側〟に来させるのです。

写真を見せて視線と意識を集める。

誰もが経験しているようなことを出して共感を得る。

教師側のエピソードを出して「ツッコミ」を引き出す。

▼実は人数は関係ない

本項の話は、何も大人数に限ったことではありません。

違いは少人数で話すときはちょっとうまくいかなくても、話のリカバリーがしやすいことです。

しかし、早いうちに聞き手と同化することはどの場でも大切です。

少人数なら、一人ひとりと目を合わせることも「同化」です。

一緒に笑うことも「同化」です。

ONE POINT

「同化」意識は「聞き手」意識に立つスタート地点。

CHAPTER 7
03

話が長いのは罪

▼結婚式でのスピーチ

弟が以前結婚式場で勤めていた際に話していたことがあります。

披露宴での上司の挨拶。

「話が一番長いのはどの職種やと思う?」と聞かれました。

まあ何となく察することはできました(笑)。

話が一番長いのは学校の先生だ、と言われました。

校長先生の話が一番長いそうです。

料理との兼ね合いがあるので、予定された時間は守ってほしいのです。

ただ、当然めでたい席です。延長もあります。少しぐらいのずれは想定内です。

「まだ話しているな」と一度確認して、さらにあと二回確認してもまだ話しているのです。

限度を超えています。

さっと切り上げることも話の上手な人の技です。

さっと切り上げることのできる人は、聞き手のことを考えているのです。

限度を超して話し続ける人は聞き手のことを考えていません。

聞き手のことを考えて話していないということは、内容も〝それなり〟の場合がほとんどです。

でもこういう人に限って、「話は苦手で……」「もうスピーチなんて困ったことだよ」と言ってしまいます。

本当は大好きなのです（笑）。

一方で本当に結婚式でのスピーチが苦手な人がいます。

そういう人のとっておきの技は**「スパッと切り上げる」**ことです。

その方が喜ばれます。

よほど感動的なスピーチでもない限り、「時短」以上に喜ばれるスピーチはないのです。

▼学校でも同じ

このことは、結婚式のスピーチに限った話ではありません。

学校でも同じだということです。

集団を前にしたとき、まず原則は「速く切り上げること」です。

どうしても**長い内容ならば、一つずつ区切るようにして話す**こと。

そのためには話すことを絞って、メモしておきます。頭の中でまとめておき、**きちんとメモし、話の柱を意識して臨む**のです。

連絡するときも一つに絞ります。

どうしても連絡しなければならないことが複数ある場合は、三つでぎりぎりです。

一つに絞るから、話をスパッと切り上げられるのです。

ONE POINT

「短く話してサッと退場!」を心の中で唱えながら〝出番〟を待つ。

CHAPTER 7
04

話さない方が良いときもある

▼今、話すときなのか

「いよいよ明日が音楽祭本番！」という学年音楽の終了時。最後に各担任の先生から一言ずつ、というシーンがあります。体育祭でも同じですね。

それまでの練習が密度の高いものであればあるほど、そのときに話す言葉は大切です。

下手なしゃべり方をすると、そこで空気を壊しかねないからです。

そこでまず失敗しないやり方は「多くを語らないこと」。これで大きく空気を壊すことはありません。

ここでしてしまうミスは、余計な注意やこれまでの練習態度などを入れて長々と話してしまうことです。そこで空気を弛緩させてはいけないのです。

最初の場面です。私自身の経験を話します。

音楽祭前日練習の最後のシーン。お昼前の四校時目で、練習時間も随分延長していました。そこで、各担任から一言ずつ、という形になりました。最初に話したのは若い一年目の先生。熱い思いを精一杯伝えます。次に私です。ここで、同じような話をする意味はほとんどありません。子どもたちが無意識のうちに、「同じカテゴリーの話」として分類し、頭に入らないからです。かといって堅い話を真剣に語るのも避けたいと思いました。私の後に学年主任が話をするからです。

各先生の話がうまく色分けされるように持っていくのも、大切な学年指導での配慮なのです。

そこで私が話したのは次の言葉です。

「六年生、ぜんぶ持っていけ！　以上です」

これだけです。緊張して聞いていた子どもたちの中から少し笑い声が起こりました。私は全く違うカテゴリーの話をしようとすると共に、緊張だけの空気で終わらせたくなかったのです。そこで、「少しリラックスさせて、話も端的に」という持っていき方をしました。

ここでは、「何が正解か？」は問題ではありません。

きちんとその場を考えて発言することが大切なのです。

うまく話せなくても良いのです。精一杯の気持ちをぶつければ良いのです。それが大前提です。しかし、「その先」にいくために私たちは常に「意識」している必要があると思います。

「その先」というのは、「より子どもたちが向上する方法はないか」ということです。

その**少し先の高みに行ける方法を、常に意識する存在でありたい**のです。

ONE POINT

場の空気に合わせた話し方をしよう！

CHAPTER 7
05

「負の連鎖」対処法

▼負の連鎖

大人数の前で話すときは、とにかく堂々と話すことです。

「笑いを取らなければ」とか、「どうしたらいいかなあ」とか、「緊張」といった「不安定さ」は確実に聞いている側に伝わります。

「緊張」や「不安」が聞き手に伝わると、今度は大勢の聞き手が同じように「不安」になります。そして、それを話し手は感じるのでますます焦る。何とか笑わせて場を和ませようとして余計にあがく姿が、より会場との距離をつくる……。

負の連鎖です。

▼負の連鎖を回避するための対処法

大勢の前で堂々と話すために大切なのは、いかに「開き直れるか」ということ。

ウケようとしない。

盛り上げようとしない。

こちらの伝えたいことをシンプルに、堂々と伝えよう、というわけです。

「だからどうした！」という感覚です。

そうはいっても緊張しますよね。そのときのちょっとした対処法を挙げてみます。

緊張してできなくなるのは**「間《ま》を取ること」**です。ですから、最初から意識してゆっくり話す。そして話と話の間に「間《ま》を取る」ことです。

次に、あえて**「演台の前に出ていく」**。もしあなたが話している場所が演台のあるような場であったら、その演台の前に出ていくのです。そうすれば聞き手との距離が縮まって余計に緊張してうまくいかないのでは、と思われるかもしれませんが、実は逆。

「演台の前に出る」「話している場所の中央にあえて出ていく」ことで、「話し慣れている感」が出て、聞き手を安心させる効果があるのです。

「緊張したら前へ出ろ！」なのです。

そして**「笑いを取ろうとしない」**。特に関西では話には「オチ」が求められます。しかしそれを気にすることは禁物です。笑いを適度に取って場を和ましつつ話を進めていくことができれば理想的ですが、「笑わせたい」と思って「笑わなかった」らそれこそ精神的に追い詰められます（笑）。

そこで、ニコニコしながら堂々と噛みしめるように話せばいいのです。自然発生的に笑いが出てきたときはラッキー。それくらいでいいのです。我々教師は「笑い」を生業としているお笑い芸人ではありません。「笑い」に固執することはないのです。

ただ、笑うと体が開くので学びが吸収されやすくなるのは事実だと思います。ですから、あなたが講演や人前で話す機会が増えてくるのでしたら、「笑い」の効果は頭に入れた上で、必要以上に「笑い」を取りにいくのではなく、「笑顔になってもらおう」という場面を意図的につくり出すことです。

では、「笑顔になってもらえるネタ」とは何なのか。

それはずばり「微笑ましい子どものエピソード」「微笑ましい子どもの作品」です。

例えば、実力テストで「蒸散現象」という言葉が思いつかなかった子が、何か書かなければと考えて書いた言葉が「怪奇現象」であった、とか（笑）。

例えば、担任である森川先生グッズをしこたま作っているクラスの子どもたちの話と実物を紹介する、とか。

私たち教師が、聞き手に笑顔になってもらう、笑ってもらうために必要なのは、「ギャグ」ではありません。「笑いを取るためだけの下品な語り口」でもありません。

必要なのは「共感できる子どもの姿」「かわいらしく微笑ましい子どもの姿」なのです。

ちなみに私は、講演会でそのようなエピソードや画像を見ていただくようなシーンを少し取り、それを自分自身が楽しんで話すことで参加者の方々に大いに笑っていただき、元気になっていただいています（ぜひ一度お越しください！　＊）。

「笑い」よりも、「感動」「実感」「やる気」……これらを意識する方が先です。

＊『教師の笑顔向上セミナー』＝毎回満員御礼の、先生方が笑顔になり、月曜日が楽しみになるセミナーです。詳細は「森川ブログ」をご参照ください。
「森川正樹の〝教師の笑顔向上〟ブログ」http://ameblo.jp/kyousiegao/

ONE POINT

「開き直っている自分」にたどり着こう！

CHAPTER

8

子どもが納得する生活（生徒）指導場面での話し方

「嫌われても話します」

▼やはり「熱」を伝える

生徒指導場面では妥協はしません。

嫌なことも話さなければならない。

大切なのは、伝えたい、わかってもらいたいという思いです。

「先生はもうこの話を何度もしていると思うけれど、またします。やっぱり妥協したくないから。みんなに嫌われても話します」

と私は言います。

子どもたちにそのままをぶつける。

教師の思っていることをきちんとストレートに伝える。

そのときに、こうした内面の感情を表す言葉を添えていく。

〝人間、森川〟を出すのです。

特に高学年ではこのような話し方で全力でぶつかります。

高学年は伝え方を間違えると、反発しか招かないことがあります。そのようなときに、「先生は本当に君たちのことを考えて話す。聞いてくれ」という言葉をそのまま加えるのです。教師然とするよりも、率直に話すという感じでしょうか。「やっぱり先生、言わないと気が済まないわ」ということなのです。

正直、話すのがしんどいときもあります。話さない方が良いときもあります。

しかし、教師の直感を信じて、今話しておかなければと思うときには〝勝負〟を避けずに自分の心情を率直に伝えて、子どもたちにぶつかっていくのです。

ONE POINT

「腹割って話している」ということを言葉に出す。

CHAPTER 8
02

宣言して話す

▼時間を宣言して話す

子どもたちにとって耳の痛い話をするときに、あらかじめ先に「時間」を宣言して話す、という手法があります。見通しが立つので配慮の必要な子もイライラしにくくなります。

「今から一分だけ話をします」という具合です。

また、体育の時間の最初をどうしてもカットして別のことをしなければならなくなったとき。

「ちょっと今からまず○○をして～」と唐突に話してしまうのは危険すぎます（笑）。

「申し訳ないんだけれど、最初の五分間を先生にください」と切り出した方がまだましです。

▼個数を宣言して話す

時間と同じく「個数」を宣言して話すことも、同じく見通しが立って聞き手として安定します。

「今から三つ話しますよ」よくありますね。でも、「今から六つ話します」などというのはあまり意味がありません。個数を宣言しているわりには数が多すぎるのです。

さらに、必ず押さえたい、届けたいことは、板書しながらだとより安定します。

①～、②～と書きながら話し、最終的には揃った三つの項目を眺められるようにするのです。

▼内容を宣言して話す

最後の宣言は、「内容」です。どういうことかというと、「＋（プラス）」か「－（マイナス）」かの宣言です。

「最初に先生から褒めたいことがあるんだけれど……」と宣言すると、教室の空気は一気に良くなります。**まず「褒めますよ～」という空気を漂わせて話に入る**との子も安心して聞くことができますし、やはり褒められるのだから聞きたいという意識も高まります。

その後に、「今度はちょっと残念なことなんだけれど聞いてほしい……」と切り出します。

この場合は、「きちんと襟を正して聞いてほしい」と心構えさせるためのものです。最初に時間や個数、おおよその内容を宣言して話すことで、聞き手である子どもたちの無駄な不安感を払拭する効果があります。

加えて、より話を心に届かせる効果もあるのです。

ONE POINT

安心させてから話すことも大切な配慮。

CHAPTER 8
03

「マイナスイメージ」を重ねない

▼冷静に俯瞰して

生活（生徒）指導の話の場合、話し始めるときに冷静に状況を俯瞰して話し出すことが大切です。その中でもNGなのが、「マイナス事項」を重ねて指導してしまうことです。

例えば「掃除の仕方がなっていない」ということをA君に伝えたいとします。

そのときの指導はあくまでも「掃除」一本にします。

しかし、得てしてそういうときは「友だちが話しているときに私語もしているよね……」「忘れ物もこの頃多いやないか……」とやってしまいがちではありませんか？

〝マイナスイメージ〟を重ねて伝えても、ただでさえ叱られているその子のモチベーションがますます下がるだけです。

そして何より「今、伝えたいこと」がぼやけます。

よく叱られる子は常に二、三本「叱られ事項」を抱えているものです（笑）。ですから余計にマイナスイメージを重ねて注意してしまいがちです。

しかしそこをグッとこらえて**「今は○○について叱っているのだからいらぬことは言わぬが良いぞ」と自分に言い聞かせましょう。**

話し始めは特に冷静に、状況を俯瞰して話し出しましょう。

ONE POINT

生活指導場面では、毎回リセットして話す。

CHAPTER 8
04

「圧迫言葉」は言わない

▼圧迫する話し方はやめよう

親や教師がついやってしまう話し方に、次のようなものがあります。


「宿題やってきたよね」

「明日練習するんやろ」

「今から提出するんだよね」


こういう言い方は、相手をカチンとさせる言い方です。

相手を圧迫する言い方です。「圧迫言葉」です。


「宿題やってきたよね」

とは言わずに、

「宿題やってきましたか?」。

「明日練習するんやろ」

とは言わずに、

「明日練習しなさい」。

「今から提出するんだよね」

とは言わずに、

「今から提出しなさい」。

スパッと言うのです。

言葉には様々なものがくっついてきます。この場合は言葉に話し手の心が出てしまうケースです。

話し方の問題ではなく、「心根」の問題なのです。

そのまま言えばいいのです。真っ直ぐに伝える。

色々と感情が交じりそうになっても、一旦クールダウンして、「ストレートに伝える」という方向に自分を軌道修正しましょう。

ONE POINT
「言葉」には「心」がついてくる。

05

「しないしない」で話さない!

▼相手が「納得」して動けるために○○を入れて話す

子どものことをうまく手のひらで遊ばせることが苦手な教師の話し方には、共通点があります。

それは、「しないしない」と否定語の連続で話してしまっていることです。

「一切さわりません」

「行ってはいけません」

「動きません」

「話しません」

これらは言っている本人は案外わからないのですが、客観的に聞いていると何だか〝しんどい空気〟が伝わってきます。

例えば少し言い方を変えて、

「行きたい気持ちはわかるけれども、行きません」

こう言うだけで空気は変わります。

つまり、「一旦共感を入れる」のです。

子どもたちに否定形の指示を入れるときは「共感」を挟んで話すとマイナスの空気をつくりにくいものです。

「土台はしんどいと思うけれど、もう一歩踏ん張れ」と組体操のときに声をかける。

「とても寒いと思うけれど、もう少し我慢して観察してから教室に入ろう」と理科の観察記録を書いているときに。

「暑いけれど、この後の牛乳が最高に美味しいからもう少し草抜きしよう」と奉仕活動中に。

指示は、相手が納得して動けるように出します。そのことで、動き自体も変わってくるのです。

ONE POINT
指示を出すときは「出される側」の立場で。

06 説得力は○○で出す!

▼「理論」だけで話さない

子どもたちに説得力のある話がしたい。教師なら誰もが思うことです。

六年生くらいになると小学校経験も豊富なので、どこかで聞いたような話では、おそれとは納得しません(笑)。

説得力が上がらないのは、「理論」だけでしゃべってしまうからです。

生徒指導の話のとき、「正論」だけで話しても予定調和すぎて響きません。

「ほうきを床に押しつけたらダメになるからいけません」と話せば、「あ、そうなんだ」で終わりです。

「これを見てください」と先のつぶれたほうきの実物を出し、「このほうき、実は最近学校で購入したものなんです。しかし二週間でこれ。どこで使っていたと思いますか?」と進めます。

説得力は「事実」で出すのです。「経験」で出すのです。

子どもたちに「理論」だけで話すのは危険です。「教室でボールを蹴ってはいけません。危ないから」というのはよくある話です。私も話します。しかし、それだけではなかなか子どもたちの心に〝刺さり〟ません。

そこで私は、過去の教え子で実際に教室でボールを蹴っていて棚のガラスを割った子の話をしています。私自身の経験です。

▼話を集める

しかし実際には経験がないことも多いものです。教師経験が浅い場合などもですね。

そこで本を読み、話を聞き、仲間と教育について話をするのです。「生きた」話をたくさん集める。そしてそれを「先生の実際に聞いた話」として出すのです。

幸運にも自分が体験したときはメモをして残します。

教育現場で自分が出合った「貴重な体験」は風化させずに、話の説得力を上げる材料として再登場させるのです。理論と一緒に。

ONE POINT

様々な場面での「事実」を蓄積し、説得力を上げるために活用しよう!

CHAPTER 8
07

子どもに嘘をつかせない生徒指導の話し方

▼嘘をつかせないために

生徒指導のときに子どもが嘘をつくことはよくあることです。子どもの立場になれば、怒られるかもしれないときに必死に嘘をつく気持ちもわかります。

そこでの教師の仕事は、「嘘をついたことを叱ること」でも、「嘘を見破ること」でもありません(必要なことですが第一義ではありません)。

まず大切なのは、「嘘をつかせない」ということです。

何か失敗をしてしまって生徒指導の場にいる子に、さらにもう一つ〝マイナス〟を重ねさせることを避けるのです。

子どもが嘘をつくのを未然に防ぐことこそ教師の仕事なのです。

そこでどうするか。それは次の言葉をつかうことでできます。

「知っています」

「先生は大体の話を知っているけれど、あなたの口からきちんと聞きたいから話してください」

と話すのです。

そして、子どもが話し出したらその都度、「知っています」「そうなんだよね」と相づちを打ちながら聞くのです。

子ども：最初にぼくがほうきを使っていたんだけど、それを屋根の上に放り投げて……。

教　師：知っています（そんなことしたのか！　↑心の声）

子ども：それを取ろうとしたのが斉藤君で……。

教　師：斉藤君は投げていないんだよな？（関係なかったのか！　↑心の声）

子ども：はい。取ろうとしてくれて……。

教　師：（危なかった。一緒に叱ってしまうところだった　↑心の声）

教師は知らなかった情報がポンポンと出てきても、あくまでも冷静に知っていたかのように聞くのです。

生徒指導で避けたいのは、思い込みで叱ってしまったり、本人が納得しないまま話が進むことです。

「知っています」という言葉をつかうことで、子どもは「嘘をつけない」と思います。

その結果「嘘をつかせない」ということに繋がるのです。そうすれば、「事実」をきちんと聞き出すことができます。

生徒指導とは子どもを追い詰めることではありません。

あくまでも本人からきちんと「事実」を聞き出し、反省させるべきことがあればそれを伝え、何よりも本人がきちんと理解して、納得して改善しようと思うようにする場です。

ONE POINT

「生徒指導」は、まず「事実」をきちんと聞き出すところから。

CHAPTER 8

08

話の「主導権」を握る論の進め方

▼「イエス」を引き出さなければならないときがある

以前こんなことがありました。

自分の乗っている車が坂道で急にエンジンが止まる、というトラブルに見舞われました。そのときはＪＡＦの方に来ていただき事なきを得たのですが、交通量の激しい場所だったら……と思うと肝を冷やしました。そこで、「車を取り替えるか？　売却するか？」というところまで話が進み、ディーラーの人が二人（私の車の担当とその上司）、私の家に来ることになりました。謝罪と、今後どうするかの話に来るのです。

そこでは私の父も同席していたのですが、話の最初の方で父が若い担当者に向かって「○○さんはこういう怖い思いしたことないんですか？」と話しました。ちょっとでも怖かった思いを伝えたかったのですね。

しかしその担当者はなんと、「ありません」と答えたのです。そこで当然話はストップ。こちらもまさかの返答に唖然です。

お店側の対応としてはありえない態度です。最低ですね。しかしここでは対応が悪い、ということを話したいのではありません。

学ぶべきことは、「相手に『ＮＯ！』と言わせてはいけない」ということです。

この場合、相手に「ＮＯ！」と言わせたら負けなのです。

確実に「YES」と言わせながら持っていきたいところへ誘導しなければならないのです。

その上で、「あなたはこういうことないの？」という聞き方はＮＧなのです。ここで相手に投げかける言葉は、

「急な坂道で車が動かなくなって、後ろからは車が迫ってくる。これって本当に怖い場面だと思いませんか？」

です。

相手は、「はい」や「ええ」としか答えようがありません。ここで「怖くないです！」とはさすがに言えませんよね。

会話の主導権を握り、正確にこちら側の話を相手に理解してもらうためには、この流れで会話を進めます。

「こちらの問い」→相手「ＹＥＳ」

「こちらの問い」→相手「ＹＥＳ」

「こちらの問い」→相手「ＹＥＳ」

このような流れができ上がれば、完全に主導権はこちらにあります。

そして相手は「とんでもないこと」を言わなくなり、こちらも多大なストレスをためずに済みます。

この会話術は自分自身が傷つかないための防御でもあるのです。

▼生徒指導場面で

さて、教育の場面です。

生徒指導の場面では、子どもたちに絶対に認めさせなければならないときがあります。「え、でも……」とか、「違うんです、それは……」ということを挟ませない、ということが大切な場面です。

それは、指導する対象の子が嘘をよくつく子である場合。

それは、指導する対象の子が様々な屁理屈で言い逃れしようとする傾向にある場合。

嘘をつかせない、話を逸らさせない、ということも生徒指導では大切なことです。

このような子の場合、若い先生などは苦労します。そして話が長引く。

そこでこのような子と相対する場合は、先ほどの「こちらの問い」→「ＹＥＳ」の流れで話をします。

まずはＮＧの方から。

教　師：ほうきの先を折ったのは君なの？
子ども：いや、違うんですよ。（↑既にこの時点で場が濁る）
教　師：何が？
子ども：最初に、田中君が教室で紙ボールで手打ち（野球）をしようとしたんです。
教　師：田中君も関係しているの？
子ども：最初はほうきを使っていなくて……。

この場合、「ほうきの先を折ってしまった」ということが明白ならば、そこをきちんと本人に認めさせて、次から気をつけようと思ってもらうという単純な図式です。しかし、嘘をつく癖のある子や、常に言い逃れしようとする子と相対しているときは、なかなか本質に行く前に話が停滞してしまうことがあります。そこで、話の入り口を少し工夫して言葉が適切かはわかりませんが、教師が確実に主導権を握ります。

教　師：先生として、もうあまり長く話すことに意味はないと思うから。今から話を聞くけれど、きちんと自分の気持ちに正直に答えてください。
子ども：はい。
教　師：ほうきは何に使う物だ？
子ども：掃除です。（↑教師の聞いたことに素直に答えられるような質問をし、子どもが答える。それによって既に立ち位置をハッキリとさせています）
教　師：だよね。それはわかっているんだろう。
子ども：はい。
教　師：理由を聞く前に、まずは自分の悪かったと思うことを自分で言ってごらん。
子ども：ほうきを壊しました。
教　師：まずきちんとそこを認めていることが大切だ。よく話したね。

必ずしもこのようにはならないかもしれません。しかし、確実に主導権を教師の方で握りつつ話を進めます。これは子どものためです。

仮に最後の場面で、子どもが「先生、違うねん。おれはな、田中君が……」と話してきたらどうしますか？　そのときは、

「わかった。田中君の話も知っている。でもな、今先生はあなたに話したい。あなたに向けて真剣に話している。だから、自分について悪いと思ったことについて話してほしい」

と話すでしょう。

子どもとの真剣勝負の話の場面にマニュアルはありません。しかし、考えなしでもいけません。場当たり的に話をする前に、きちんと様々なことを想定して、落ち着いて話ができるために、日頃からこのようなことを意識しておく必要があるのです。

ONE POINT

子どもに「誤魔化せた！」と思わせないのが教師の仕事！

CHAPTER 8
09

クラスの士気を下げない叱り方とは？

▼〝叱るだけ〟にならない「布石」を打つ

子どもたちを叱るときは、大抵一人や二人といった少人数です。呼び出して叱ることもありますが、全体の前で叱ることも多いもの。

しかし、ただ叱るだけでは、全体の士気が下がってしまいます。それが何度も続くと教室の空気がどんよりとなってしまい、学級経営上よくありませんね。

そこで、ちゃんと頑張っている子の気持ちを考えて、例えば次のように話をします。

「きちんと頑張っている子がほとんどです。でも、クラス全員のこととして受け止めてほしいからここで話します」

話し終わったら、

「ちゃんとできている人も黙って聞いてくれてありがとう」

また、怒られている子に対しても全員に聞こえるようにこう話します。

「今みんなは〈授業が遅れる〉とか、〈僕らは関係ないやん!〉とか文句を言わずに黙って聞いていてくれたよね。それは良いクラスだからだ。〈頑張れ〉と思って黙って聞いてくれているんやで」

これは「クラスで支えていくんだぞ」という暗黙のメッセージを、周りに座っている子に送りつつ、当事者に反省を促しているのです。

▼常に「個」と「全体」を往復する意識を

クラス全体での生徒指導場面において大切なのは、当事者と周りの子の存在です。周りの子を傍観者にしない。かといって同じように怒られている気持ちにさせたのでは頑張っている子が浮かばれません。そこで、**常に当事者である「個」と周りの聞いている子たちである「全体」に気を配りながら話をする**ことです。きちんと布石を打っておく。フォローしておくことです。そこからクラス意識も生まれてきます。

▼「叱責」を「指示」に変える

体育館での体育です。教師が体育館に入ると子どもたちが走り回ったり、おしゃべりしたりしています。

ここでドカン！　と注意するか、それとも……。

私がしたのは、叱りたいのをグッとこらえて、

「前跳び20、ピーー！」

でした。結果的にはこれが正解でした。

このとき、「集めて叱る、集めて話す」という手もあるでしょう。「体育そのものをやめてしまう」こともできるでしょう。

しかし、この指示をしたことで、全員が一斉に縄跳びをやり出し、終わると次の指示、という具合に体育に突入したのです。

これで一生懸命に体育の始まりの空気をつくろうとしていた子がいれば、その子は報われます。一緒になって怒られずに済みます。そして何より授業は保障されます。

授業を頑張ろうと思っていた子の士気を下げないで済むのです。

この場合、話をするなら体育が終わって落ち着いたときに改めて静かに話をすればいいのです。

ONE POINT

叱りたいときこそ「頑張っている子」に意識を向ける。

CHAPTER 8
10

「指摘」した後こそ……

▼「指摘」の先にこそ意識を

常日頃から「遅れない」「早く来なさい」「うるさくしない」「黙って歩きます」と指摘をしている我々教師が一番気をつけなければならないのは、子どもが「遅れず来た」「早く来た」「静かにしている」「静かに歩いている」ときです。

こんなことがありました。

専科の先生の授業に際して、子どもたちが「今日は早く行って先生を驚かせよう」と計画を立てました。そして、チャイムが鳴る随分前に教室を出発し、専科教室へ。ちょうど先生はおられませんでした。子どもたちは「早く座って！」「用意して！」と口々に言い合い、ベストな状態で先生の到着を待ちました。

そしてチャイム。

この待っているときの子どもたちの顔は最高ですよね。こういう瞬間に立ち会えるのもこの仕事の醍醐味といえます。

さて、専科の先生の登場です。

私は、「褒めて！　このことに触れて！」と祈るような気持ちで見守りました。

結果は……スルーでした。

そのときは残念なことに授業は淡々と始まりました。何人かの子どもが私の方をチラッと見るのがわかります。私は「頑張れ！」と目で合図を送りながら手でガッツポーズをつくって見せました。

当然、このようなことはあります。この先生に悪気はないのです。子どもたちは、別に褒めてもらうためにやったのではない、と乗り越えていくことも大切です。

ただ、ここで「あれ?!　教室間違えたかな?」「これはすごい光景だなあ。驚いた～」とその先生が言えたら……。子どもたちはきっと喜んだと思います。ニコニコだったと思うのです（想像してみてください。自分が入ってきたときに、シーンとして、ニコニコ顔の子どもたちが動かずに座っているのですよ。何か言いたくなる、いや言ってしまうのが教師でしょう?）。

日頃から指摘をしていることがあったなら、きちんとできているときこそ、もっと取り上げなければなりません。指摘ばかりになっては、子どもたちからの「創造」や「工夫」は生まれてきません。

ましてや自分の機嫌が悪いから、子どもたちにしかめっ面になる。口調がきつくなる。無口になる。淡々となる。それによって子どもたちの変容に気づけない……これなど論外です。

▼「悪いとき」と「良いとき」両方の意識を

「指摘」は、教師が自分のためにさせていることではなく、子どもたちにこうなってほしいと思って行う行為です。それを日々意識していたら、子どもたちが変わったときにもパッと反応できます。

「悪いとき」だけ気がついて指摘するのは、「なってほしい姿」を意識せずに、感情にまかせて怒っているだけなのです。

きちんと意識している人は、「良いとき」にも瞬間的に反応できるのです。

「良いとき」に反応できるかがプロとアマを分ける境目です。

「悪いとき」は誰でも見えるのです。

「良いとき」が見えるか。

さらに難易度が高いのは、「できていなかったけれど普通の状態になったとき」です。そこまで気づくことができてプロです。それが見えたら褒める。きちんと認めてあげる。それが個に応じた対応ですね。

私はこのときのことをいつも頭の中に思い出します。そして、自分もかなりの数をスルーしてきているのではないかとぞっとします。

「指摘」の後こそ気づける教師になりたいと強く思います。

ONE POINT

「指摘」したら〝その後〟に責任を持つ。

CHAPTER 9

保護者の心をつかむ話し方

CHAPTER 9

01

○○をしっかりとやること

▼やはり一番大切なことは……

保護者の心をつかむ話し方の一番の処方箋は、「学級経営をしっかりとやること」と、「授業をしっかりとやること」です。

身も蓋もない答えのようですが、遠回りなようで一番の近道です。

教師の話が保護者に理解してもらいやすい状況をコツコツつくっていく。

まずは「子どもが学校の話を家でする」という状況にするのです。

「今日学校でこんなことがあったよ」

「今日はみんなで芝生で給食食べたんだ！」など。

話をしない子も聞けば話してくれた、という状態でもかまいません。

楽しそうに学校に行っている、でも良いのです。まずは大前提としてここを実現させるべく授業を頑張ります。

次に「子どもの声を通して担任の良さが出る」状況です。

「今日先生がね……」「先生の話が面白かったよ」

「今日の授業面白かった」「先生、腰が痛いんだって……」

子どもが先生の話をするということは、学校が楽しい。先生が好きという状態です。

そのことに保護者は安心します。

最近私は、担任している子の保護者からこんな話を聞きました。

「先生は真剣に怒ってくださると娘が話しています。先日も○○君のことで、先生が注意されたときにとても納得した」と。

子どもはこんなことまで話しているのか、と私は思いました。

教師としての自分の行為は必ず子どもたちに見られています。言い方を変えると自分がコツコツと頑張っていることは、必ず子どもが見てくれています。

保護者の信頼を得るために、子どもたちと本気でぶつかる。

子どもたちに伝わった「本気」は保護者の方に伝わり、それが、信頼を生み、教師の言葉が通るようになるのです。

ONE POINT

まずは話し方よりも、子どもが家で話す内容が大事！

CHAPTER 9
02

クレームへの対応

▼誠実に、愚直に……

保護者の方からは様々な電話がかかってきます。

その中には正直理不尽なものも含まれていますね。「クレーム」と表現しましょうか。

こちらも人間です。そういうときはつらいもの。

しかし、「クレーム」に対しても基本的な姿勢は「すみません」「申し訳ございません」です。ただ、言葉の上に「ご心配をおかけしまして」が付きます。

どれだけ理不尽なことでも、何かしらの学校の関係で「心配された」のです。それについてきちんと「すみません」と言う。それが大切です。

駆け出しの頃は血気盛んで言い返したり議論したりする先生もいるみたいですが、それは逆効果です。

やはり保護者の方も**話を聞いてほしい**のです。

ですからクレームも、まずはきちんと最後まで聞きます。

最後まで聞いてからきちんと「事実」を話す。

保護者の方が怒っている理由で多いのは「誤解」です。そこで、きちんと「事実」を順を追って説明します。

それでも途中で、「不安になられたことだと思います」「ご心配されたでしょうね」という言葉を挟んで落ち着いてもらえるよう心がけます。

誠実に、愚直に最後まで時間がかかっても聞き、事実を伝え続けるのです。

同学年を組んでいた若い先生のクラスの保護者の方から電話がかかってきたときのことです。

私が電話に出て、二時間話を聞いた後に、「今から学校へ行っても良いですか？」ということになり、そこからまた一時間以上話をしたこともあります。

そういうときも落ち着いて、冷静に、柔らかく凛として応対するのです。

ONE POINT

「そういうこともある」という意識が気持ちを楽にする。

CHAPTER 9

03

「プラス面」を一つ多く話す

▼「プラス面」こそ連絡を

私たち教師は、子どもたちの〝欠点〟ばかりが見えてしまうことがあります。しかし、「気になるところ」は「マイナス面」だけではありません。その子の「プラス面」も気にならなければいけません。

そして当然保護者の方への報告は、「マイナス面」ばかりにならないようにします。よくこのようなことがあります。子どもの家に電話すると、「うちの子、また何かやりましたか？」と言われる……。これはいかに学校が「マイナス面」ばかりをその保護者に伝えてきたかです。

「今日こんなに良いことがありまして！」と元気に電話をかけて、電話を切りましょう。

相手の**保護者の方が「え？」「ん？」「それだけですか？」というくらい、きれいに、さっぱりと「プラス面」だけを伝えて電話を切る**のです。

これを何度か行うと、不思議とよりその子の「プラス面」が目立つようになります。

それは、あなたがその子の「プラス面」をより気にするようになってきているのです。

そしてもう一つ、「プラス面」を報告され続けた保護者の方の、その子への態度が微妙に変わってくるからです。

「あんた！　また何かやったやろ！」という接し方から、「おやつ食べへん？」に変わってきているのです（笑）。

もちろん、きれいごと抜きで「マイナス面」「改善してほしいこと」を連絡することも多々あります。

しかしそういうときも、**「マイナス面」よりも一つ多く、「プラス面」**を話しましょう。

それがその子の向上に繋がり、ひいては教師の意識を変えていくことに繋がるのです。

ONE POINT

「プラス面」を探そう！　そして積極的に伝えよう！

CHAPTER 9

04

コミュニケーションツール「連絡帳」

▼大きな存在「連絡帳」

話し方とは少し違いますが、連絡帳についてです。

保護者の方とのコミュニケーションで一番多いのは、連絡帳を介してのコミュニケーションです。

連絡帳を書く上で意識しておかなければならないことがあります。

▼「残る」と心得る

まず連絡帳に書けば残ります。当たり前ですが。ですからあまり立ち入ったことを書くべきではありません。

教師が連絡帳に書いたことをもとに（証拠に）話がどのように展開するかわかりません。

詳しい話は電話でするか、直接会って話します。

▼「返事」を忘れない

それから連絡帳の返事は忘れないようにします。もし忘れたら、必ず家に電話を入れましょう。

よくあるのは子どもが連絡帳を出すのを忘れることです。保護者の方のメッセージがあるのに、出し忘れるのです。

それを防ぐために、「朝のうちにメッセージのある人は先生の机に出しておく」というルール設定や、「先生への連絡が書かれている人は持ってきなさい」と言って直接集めるようにします。

毎日帰り際や昼休み前後に子どもの連絡帳を集めてチェックを入れている先生は、そのときに気づくこともできますね。

▼コピーを取っておく

まれにとんでもない内容を書いてこられる保護者の方もいます。クレームなり、深刻な問題なりです。

そういうときは「ご連絡ありがとうございます。直接ご連絡いたします」とだけ書いて電話をまず入れます。そのときに、その連絡帳の部分を必ずコピーしておきましょう。

コピーしておくのは、解決に向けてもう一度しっかりと読み返せることと、その時点での「相手からの申し入れ」と「こちらからの返答」を記録しておくためです。

訴訟など万が一のことを考えてのことです。

▼「メッセージ」を伝える

連絡帳に教師側からのメッセージを載せて意思疎通を図る、ということもします。

・挨拶の声が大きくなりました

・国語のノートを見てあげてください！

・リレー一位！

などと、子どもたちの様子を伝えます。

学級通信にするには少し情報が少ない、といったときに連絡帳は一言でも伝えられるすぐれた伝言板です。また、

・宿題忘れが多いです

・好き嫌いなく食べましょう

・ふでばこの中身を見てあげてください

といった改善を促すことを呼びかけて保護者の方にも協力してもらうことがあります。

連絡帳をきちんと機能させて、保護者の方ともきちんと繋がっておくことです。

ONE POINT

「連絡帳」の役割を連絡だけにとどめない。

CHAPTER 9

05

懇談会では○○に仕事をさせる

▼多くを語らず……

懇談会などで多くの保護者の方を前にして、流暢に話せる場合はいいのですが、なかなかそうはうまくいかないことも多いですよね。そういうときは、自分自身はあまり多くは語らずとも場が盛り上がる方法があります。

それは、**子どもの「作品」に仕事をさせる**のです。

▼日記・作文

ユーモアのきいたテーマで書かせた日記や作文を保護者の方に読みます。日記の内容について笑いが起こったり、微笑ましい雰囲気になったりと教室の空気が良くなります。自分自身はといえば、日記を読み、それに対して「なかなか面白いことを書きますねえ」とか、「子どもの発想力には驚かされます」とツッコミを入れればいいのです。日記を二つ三つ読んでコメントをしていたら、懇談の半分近くは終わったも同然です(笑)。

具体的には、「うちの子をよろしく」というタイトルで、自分の親になりきって書かせた作文は、保護者の方に大ウケです。

「小学生悩み相談所!」と題して、様々な相談への〝おこたえ〟を書かせた作文も爆笑間違いなしです(詳しくは『どの子も必ず身につく書く力』(学陽書房)をご覧ください)。

▼工作・絵画

さて、懇談会で仕事をさせる「作品」は日記に限ったことではありません。工作・絵画も大いに役立ちます。低学年でよく作る「凧」。思い出と共に、「校舎の絵」。遠足で行った動物園で描いた「動物たちの絵」。

作ったときの背景や描いているときの子どもたちの様子などを解説しながら、作品を紹介していきます。

▼スライドショー

三学期の最後の懇談会にオススメなのは、一年間の写真をどんどん見せていくスライドショーです。写真をフォルダに入れて、クリックしていくだけです。

流暢に話すことだけを目指すのではなく、**うまく〝モノ〟を使って「所々で話す」**というのも一つの方法なのです。

ONE POINT

多くを語らなければ〝ボロ〟は出ない。

▼少し長いエピローグ

教師同士の談笑は子どもに見られています。

教師のためいきは子どもに気づかれています。

一人の子に声かけをしているときは、必ず別の子がその光景を見ています。

私たち教師はいつでも確実に見られているのです。

そういう意識で一日を過ごしてみてください。「ああ、自分を見ているなあ」と感じる瞬間がいかに多いか気づくはずです。

まじめなおとなしい女の子が、黙ってあなたの表情を見ています。

専科の授業を参観しているときに、何人かの子が振り返ってあなたの表情を見ています。

休み時間に教室内でふざけている子がいて、注意しようと近寄っていくときの教師の顔を、勘の鋭いしっかりものの女の子がバッチリ見ています。そして、さらに何を言うか〝聞くともなしに〟聞いています。

一度怒られた子が、同じ失敗をした別の子に教師が何て言うか聞いています。


これらは特に高学年担任の場合では、ほぼすべて誰かに見られ、聞かれています。

今、この瞬間もあなたは子どもに見られているのです。

結局、私は何が言いたいのか。

「油断してはいけない」ということを言いたいのではありません。

私が言いたいのは、**「何気ない場面こそプロ意識を持つ」**ということです。

常に見られている意識を持つことは、プロ意識の始まりです。

子どもたちは大好きな先生のことを見ています。

先生がどう言うのか。

先生はどんな顔をしているのか。

「先生怒るのかなあ、あ、怒らなかった。笑ってる。良かった～」と心の中で思っているのです。

子どもたちに変な気をつかわせたくないですね。

自然と笑顔で振る舞えるようになるまでは、意識し続けなければなりません。

自然とバックヤードを意識できるようになるためには、バックヤードでも意識し続けるのです。

最後の一人が校門をくぐるまで意識する。無意識にできるようになるまでは。

そうすれば子どもたちとの会話も、ある一人の子との会話も「意識した会話」に変わってきます。「意味のある会話」になるのです。

何となく出てしまった言葉で、子どもを傷つけることがあります。

何となく対応した内容が、別の子の不満を生むことがあります。

不機嫌なままあてつけのように怒った態度が、別のあの子をガッカリさせることがあるのです。

一人の子に対するときには全方位に意識を向けて。

全員に対するときは一人の子の視線を視界に入れて。

「話し方」の出発点も、すべてココです。

一人の子に話すときには全方位に意識を向けて。

全員に話すときは一人の子の視線を視界に入れて。

難しいですが、やりがいはあります。

難しいですが、こういうことを意識して仕事するって、格好いいじゃないですか。

格好いい教師人生をデザインしませんか。何気ない場面で。


今回教師自身の「話し方」についてまとめる機会を得ました。

話すときに少し意識するだけで変わってくることは山ほどあります。

それらを意識し続けていると気づかないような変化が起こり始めます。

変化はあなたの中で確実に起こっています。

ですが、なかなかそれには気づきません。ここでやめないでくださいね。

大抵が、変化に気づく前にやめてしまっているのです。

変化は忘れた頃にやってきます。忘れるくらい意識し続けるからこそ変化が起こるのです。

では変化とは?

子どもたちの反応です。

「お、子どもたちが笑顔だなあ……」
「子どもたちが笑っている!」
「子どもたちが集中しているぞ!」
「子どもたちがスッと動き出した!」
「子どもたちと一体感があるなあ……」

自分の変化は、常に「子どもたち」が教えてくれるのです。

最後になりましたが、本書をまとめるにあたり、学陽書房の根津佳奈子氏には色々とお世話になりました。感謝申し上げます。

私の〝声〟を聞いてくれる子どもたちがいることの幸せを噛みしめながら……森川正樹

著者紹介

森川正樹（もりかわ まさき）

兵庫教育大学大学院言語系教育分野（国語）修了、学校教育学修士、関西学院初等部教諭。

平成32年版学校図書教科書編集委員、全国大学国語教育学会会員、授業UDカレッジ講師、詳細辞典セミナー講師。

教師塾「あまから」代表。国語科の「書くこと指導」「言葉の指導」に力を注ぎ、「書きたくてたまらない子」を育てる実践が、朝日新聞「花まる先生」ほか、読売新聞、日本経済新聞、日本教育新聞などで取り上げられる。県内外で「国語科」「学級経営」などの教員研修、校内研修の講師をつとめる。社会教育活動では、「ネイチャーゲーム講座」「昆虫採集講座」などの講師もつとめる。

著書に、『できる先生が実はやっている 教師力を鍛える77の習慣』『できる先生が実はやっている 授業づくり77の習慣』『クラス全員が喜んで書く日記指導』『小１～小６年“書く活動”が10倍になる楽しい作文レシピ100例』（以上、明治図書）、『このユーモアでクラスが変わる 教師のすごい！指導術』『言い方ひとつでここまで変わる 教師のすごい！会話術』（以上、東洋館出版社）、『先生のための！こんなときどうする!? 辞典』（フォーラム・A）、『小学生の究極の自学ノート図鑑』（小学館）、『どの子も必ず身につく 書く力』『熱中授業をつくる！　教室の対話革命――教師の話術からクラス座談会まで』（学陽書房）他、教育雑誌連載、掲載多数。教師のためのスケジュールブック『ティーチャーズログ・ノート』（フォーラム・A）のプロデュースをつとめる。


【社会教育活動資格】

「日本シェアリングネイチャー協会」ネイチャーゲームリーダー、「日本キャンプ協会」キャンプディレクター、「日本自然保護協会」自然観察指導員

【ブログ】
森川正樹の“教師の笑顔向上”ブログ
http://ameblo.jp/kyousiegao/

教師人生を変える！

話し方の技術

2017年 4月11日　初版発行
2021年 1月15日　8刷発行

著者　森《もり》川《かわ》正《まさ》樹《き》
ブックデザイン　スタジオダンク
DTP制作　スタジオトラミーケ
発行者　佐久間重嘉
発行所　株式会社 学陽書房
東京都千代田区飯田橋1-9-3　〒102-0072
営業部　TEL 03-3261-1111　FAX 03-5211-3300
編集部　TEL 03-3261-1112　FAX 03-5211-3301
http://www.gakuyo.co.jp/
印刷　加藤文明社
製本　東京美術紙工

ISBN978-4-313-65335-1　C0037